강명욱 선생님께

2019. 초가을

저자 박 순 철 드림

깨우지 마세요!

박순철 수필집

교음사

| 책 머리에 |

두 번째 수필집을 낸지 10년 만에 세 번째 수필집을 상재합니다. 게으름을 피우다 이렇게 늦었습니다. 부끄럽습니다.

글을 쓴다고 하는 사람이 침묵만 지킬 수 없어 그동안 발표한 작품들을 묶어 독자 앞에 선보일 결심을 하게 되었습니다. 『중부매일』과 『충북일보』가 아니었으면 엮을 결심도 하지 못했을 것입니다. 지면을 할애해준 두 신문사에 감사한 마음 전합니다.

워낙 천성이 게을러서인지 급하지 않으면 글이 써지지 않았었는데 신문에 글 나가는 날이 정해지자 꼬박꼬박 써야 했습니다. 함께 글을 쓰고 격려해준 에뜨락 회원과 묵묵히 지켜봐준 아내와 가족에게도 감사한 마음 전합니다.

이 책이 세상에 얼굴을 내밀 수 있게 지원해준 충북문화재단과 수필문학사에도 고마운 마음 전합니다.

점점 글쓰기가 어려워짐을 폐부로 느낍니다. 빠르게 성장하는 후배들에게서 많은 것을 배웁니다. 잘 써야 되겠다는 마음만 앞서가지 따라가지 못하는 마음이 안타깝습니다.

여름이 점점 짙어갑니다. 항상 건강하시고 가정에 평안이 깃드시길 기원합니다.

2019. 초여름날 새벽에

저자

| 박순철 수필집 |

깨우지 마세요!

1부 행운의 증표

2부 신선이 사는 곳

3부 뚜쟁이

4부 외나무다리

5부 알똥 미안해

6부 홀로서기

1

행운의 증표

- 행운의 증표
- 돌아오라, 시인이여!
- 어느 조선족 여인
- 가는 임
- 당신 앞에
- 첫눈
- 주먹밥
- 바닷가 소녀
- 그 맛

행운의 증표

신사임당이 그려져 있는 새(新) 지폐 한 장이 내 책상 서랍 안에 고이 모셔져 있다. 그 지폐를 보내 준 사람은 돈으로 생각하지 말고 행운을 가져다주는 증표쯤으로 생각하라고 했지만 아무리 들여다봐도 내 눈에는 돈이 틀림없다.

고려 말 충신 최영 장군은 '황금 보기를 돌 같이 하라.'라고 했지만, 황금을 돌로 볼 만큼 내 인격이 고매하지 못하고, 돈을 다른 무엇으로 볼만한 혜안도 없다. 그 지폐를 바라보는 마음은 마냥 즐겁고 처음 나온 돈이라 신기하기만 하다.

그 증표는 멀리 대구에 사는 친구가 내 수필집을 받고 보내온 선물이다. 두툼한 봉투에서는 그 친구가 속해 있는 종교계 지도자가 저술한 서적 한 권, 노트를 찢어서 쓴 편지가 나왔다.

볼펜으로 한 자 한 자 정성 들여 쓴 편지는 감동, 그 자체였다. 안부를 묻고, 책을 보내주어서 고맙다는 내용, 내 수필집에는 고향 친구들의 이름이 많이 등장하는데, 왜 자기 이름은 없느냐는 장난기 섞인 대목도 있었다. 먼 훗날, 고희 때에는 막걸리 주전자를 앞에 놓고 옛날 어렵던 시절을 회상하며 흥얼거려 보자는 내용으로 말미를 장식했다.

이웃 마을에 살던 그 친구는 노래를 잘 불렀다. 어느 날 기타를 들고 나타난 일은 지금도 기억에 선명하다. 기타를 치며 노래 부르는 모습은 마치 연예인 같았다. 지방에서 열리는 노래자랑에 출전하여 여러 번 상을 받기도 했다.

시골에서 그의 재능은 날개를 펼 수 없었다. 꿈을 이루기 위해서였는지 고향을 떠나 여러 직장을 전전한 것으로 알고 있다. 그러더니 어느 종교에 심취하고, 그 단체에서 열심히 일한다는 소문이 들려오기도 했다. 친구는 오랜 신앙생활이 몸에 배었고, 그 갈고 닦은 마음을 바탕으로 이제는 어려운 이웃을 위해 봉사하는 삶을 살아가고 있다고 한다. 자수성가한 그의 의지가 부럽기만 하다.

편지는 두 장으로 그치지 않고 한 장이 더 들어 있었다. 그 안에는 투명 비닐봉투에 든 고액 신권이 나왔다. 그 편지에는 다음과 같이 쓰여 있었다.

"친구야 돈이 아니고 5만 원권 지폐 한 장 보낸다. 내가 옛날 돈 모으기 하는데 은행에 부탁하여 첫 번째로 빠른 것(0955001~0955010) 10매

구입해서 사람들이 모두 좋아하는 끝자리 7번 챙겨 보낸다. 7번은 행운의 번호이고, 새 지폐를 지니면 돈이 굴러 들어온다는 말도 있다네. 그리고 무엇을 주고 싶은데 마땅한 것이 떠오르지 않아 지폐를 선택하였으니 오해하지는 말게, 다음 책 속에 내 이름을 넣어달라고 아부(?)하는 것은 더더욱 아니네." (중략)

돈은 한 삶을 윤택하게도 하지만 불행하게도 한다. 자본주의 사회에서 돈이 없으면 아무것도 할 수 없다. 고위공직 예비후보자들이 청문회 받는 것을 TV를 통해 종종 보았다. 재산을 모으는 과정에 석연치 않은 일이 있으면 무수히 지탄을 받고 낙마하는 예도 많았다. 그러나 평생 김밥 장사를 해서 모은 돈을 장학금으로 내놓는 천사 같은 마음씨를 가진 할머니도 있다. 돈은 버는 것도 어렵지만 쓰는 것도 중요하다고 하더니 그 말이 맞나 보다.

5만 원 권 새 지폐! 가만히 그 돈을 들여다본다. 친구는 돈으로 생각하지 말라고 했으나 어쩐지 미안하단 생각이 든다. 책을 보낸 것은, 오랫동안 만나지 못함의 안부였고, 전국에 있는 문우들로부터 저서를 받고 그 정성에 대한 자그마한 보답에서였다.

내 눈이 화단 가에 얹힌 돌멩이에 멈췄다. 지금껏 눈길 한번 받지 못하고 한쪽 구석에 있던 돌이다. 흙 묻은 돌을 빼내어 물로 깨끗하게 씻었다. 아무리 살펴봐도 평범한 돌멩이에 지나지 않았다. 크기는 어른 베개보다 조금 작고 울멍줄멍한 게 볼품이라곤 하나도 없다.

스티로폼 상자에다 신문지를 채워가며 정성스레 포장했다. 친구는 돌을 좋아하는 사람이다. 좋은 돌을 얻기 위해 전국을 돌아다녔고 집에는 상당량의 명품 수석(水石)도 있는 것으로 전해 들었다.

나는 돌을 볼 줄 모른다. 그저 모두 같은 돌로 보일 뿐이다. 저 돌도 시골에서 강에 다슬기 잡으러 갔다가 주워 온 것이다. 주인을 잘 만났다면 좌대에 앉아서 편안한 세월을 보냈을 것이지만 나 같은 사람 만나서 물 한 모금 얻어먹지 못하고 눈길 한번 받지 못했으니 서운했으리라. 언젠가 지인이 달라고 하는 것을 무슨 마음에서인지 주지 않고 내버려두었던 돌이다. 이제 새 주인을 만나면 그윽한 눈길도 받고 대우도 받게 되리.

친구는 돌을 받아들고 어떤 모습을 지을까. 행운의 증표를 보내준 사람에게 돌멩이를 보냈으니 서운하다고 할까? 아닐 것이다. 돈을 돈으로 생각하지 말라고 한 사람이니만치 나를 만난 것처럼 반길 게 분명하다.

돌아오라, 시인이여!

어느 날 홀연히 자취를 감추어버린 한 시인을 찾아 인터넷을 떠도는 중이다. 시인이 자주 들리던 카페, 블로그 그 어디에도 다녀간 흔적이 없으니 찾을 길 묘연하다. 내가 아는 것이라곤 휴대전화번호뿐이다. 집 주소와 일반전화는 가르쳐 주지 않았으니 당연한 결과이리라.

무슨 그럴만한 사정이 있었을 것이다. 처음 얼마간은 전화를 걸면 신호는 가는데 받지 않았다. 그래도 매일 전화를 걸었다. 언젠가는 받겠지 하는 마음으로……. 이제는 전화를 걸면 “지금 거신 번호는 고객님의 사정으로 연결할 수 없습니다.”라는 말만 되풀이해서 들려오곤 한다.

시인을 알게 된 것은 어느 카페에서였다. 그곳에 올라오는 글이 좋아 자주 드나들게 되었고 그러다 보니 자연 카페지기와도 교분이 쌓여갔다. 당시 부산에서 인터넷 카페를 운영하던 시인은 따르는 후배가 많아 회원들이 나날이 늘어갔고, 내실 있게 운영되었다. 문학 지망생들을 위해 사이버 공간에서 글을 지도하면서 나에게는 수필 강의를 맡아달라고 했지만, 한마디로 거절할 수밖에 없었다. 글이 좋아 글을 쓰고, 남의 글을 즐겨 읽기는 하지만, 누구를 지도할만한 자격은 없는 사람이다.

시인의 글은 읽고 나면 잘 삭힌 식혜를 마신 듯 마음이 상쾌해지곤 했다. 장르는 다르지만 비슷한 시기에 태어나 어려운 생활을 겪은 처지여서 공감하는 부분도 많았다.

사이버 공간에서 글을 주고받다가 만나고 나면 신선함이 사라진다는 말을 들은 일이 있지만, 굳이 만나야 할 필요는 없다. 전자우편으로 안부를 묻고 글을 교환하는 것으로 충분하다. 결정적인 흠이나 남에게 보이고 싶지 않은 것은 감출 수 있는 것이 사이버상의 맹점이기도 하지만, 그래도 글 속에는 은연중 인격이 묻어나게 마련이다. 시인의 글에서는 난해하거나 속된 문장은 전혀 느껴지지 않았다.

처음부터 집 주소를 몰랐던 것은 아니다. 자신이 쓴 시집(詩集)을 보내준다기에 주소를 알려줬고, 책을 받은 다음 내 수필집을 보내주기도 했다. 장르가 다르기에 작품에 대해 토론은 하지 않았지만, 문학이라는 주제를 가지고 자주 쪽지를 주고받았다. 시인은 부산에서 대전으로, 대전에서 서울로 이사하면서 주소와 전화번호를 생략했다. 휴대전화와 전자우편은 어느 곳을 가든 통용이 되니 알려고 하지 않은 게 실수였다.

어느 날 주고받은 쪽지에서 시인은 내게 노후준비를 어떻게 했느냐고 물어왔다. 아직 노후라고 하기엔 이르고 하는 일 없이 놀고 있으며, 얼마 안 되는 연금으로 생활하고 있다고 했다. 시인은 출가시킨 무남독녀와 같이 살고 있으며, 가지고 있던 돈을 사위 창업자금에 대주었는데 사업이 잘되지 않아 짜증 날 때가 잦다고 했다.

이 어려운 경제 위기 속에 자유로울 사람이 몇이나 되겠는가. 금지옥엽처럼 키운 딸을 데리고 사는 사위가 돈이 없어 쩔쩔매는데 나 몰라라 하는 사람이라면 그는 참으로 강심장을 가진 사람일 것이다. 일반인도 그러할진대 하물며 심성 고운 시인에게는 더 말할 나위가 없을 게다. 사위가 자금 때문에 괴로워하는 모습을 지켜볼 수 없어 노후는 생각도 않고 모든 것을 주었는데 그것이 적절하지 못했음을 후회하는 것 같았다.

한 번은 몸이 안 좋아 2~3개월 쉬었으면 좋겠는데 카페를 맡아줄 사람이 없어 걱정이라고 했다. 내가 맡아주기를 은근히 바라는 눈치였다. 나는 인터넷도 서툴고 한자리에 오래 앉아있지 못하는 성미다. 한마디로 적임자가 못되었다. 또 젊은 운영자들이 있으니 그 시인이 몇 달 쉰다고 해도 별문제 될 일은 없을 것 같았다.

요양을 위해 강원도 산골에 있는 친구네 집으로 간다는 쪽지를 끝으로 그 시인과의 모든 연락방법은 끊어졌다. 지금 의문으로 남는 것은 시인이 정말 건강에 문제가 있었을까 하는 점이다. 시인의 글 어디에서도 병마와 싸운다거나 고통의 흔적을 발견하지 못했다. 또, 아무리 투병 중이라지만, 서로 안부는 주고받으며 사는 게 인지상정이다. 아마 연락을 취하지 못할 만큼 마음속으로 깊게 응어리진 무엇이 자리했지 싶다.

나도 한때 세상 밖으로 얼굴 내밀기 싫어하던 시절이 있었다. 마음의

문을 꼭꼭 닫아걸고 두문불출하던 시기, 찾아올 사람도 없었지만, 설령 누가 찾아온다 해도 만나지 않을 마음으로 나 자신을 감추고 있던 시절이었다. 지금 자취를 감춘 시인의 마음도 그러하지 않을까 생각된다.

시인은 강원도 친구네 집에서 무엇을 하며 지낼까 궁금하다. 친구네 집이 아닌 호젓한 시골마을에서 그때 나처럼 외로운 나날을 보내며 마음의 병을 다스리고 있을까. 아니, 요양이 아니라 알토란같은 작품을 낳으려고 인고의 나날을 보내고 있을지도 모른다. 세상에 다시 얼굴을 내밀 시인의 손에는 불후의 명작들이 들려 있기를 기대해본다.

어느 조선족 여인

어느 날 출근하니 직원들이 그때까지 점심을 먹지 못하고 있었다.

"도영 씨가 사라졌대!"

"그러니까 외국인들은 믿을 수가 없어. 도영 씨가 배달은 맡아서 했는데 그 식당 이제 큰일이네"

오후에 출근해서 일 거들어주는 친척 가게가 있다. 도영 씨는 그 가게에 점심을 가져다주는 조선족 여인으로 마흔이 조금 안 된 것 같다. 작달막한 키에 다부진 체구지만 언제나 생글생글 웃는 모습이 붙임성 있어 보였다. 2인분 식사기준 한 쟁반의 무게는 대략 5~6kg 정도 되는 것 같다. 어느 때는 네 개씩 포개서 머리에 이고 다니는 것을 보면 가여운 생각마저 들었다.

생활에 여유가 있는 여인이었다면 미모에 신경 쓸 나이지만 정작 자신은 개의치 않는 것 같았다. 그녀에게 아름다운 몸매는 한낱 '빛 좋은 개살구'에 불과했을지 모른다. 오직 빨리 돈을 벌어서 고국으로 돌아가 가족들과 단란하게 사는 꿈밖에 없는, 착실한 사람으로 보였다.

한국에 나와 있는 조선족이나 중국사람 대부분 노동을 하는 실정이다. 70년대 우리나라 간호사도 서독 광산에 파견되어 외화를 벌어들인 적이 있다. 어디 그뿐인가. 총탄이 쏟아지는 월남에서 대한의 젊은이들이 흘린 피와 맞바꾼 달러는 고속도로를 건설하게 했고, 국가산업의 원동력이 되었다. 열사의 나라 사우디아라비아에서 우리나라 근로자들이 흘린 땀은 아마 강물을 이루고도 남았으리라. 한국에 나와 있는 그들도 국가를 위해 달러를 벌어들인다는 자부심을 품고 살아갈 것이다.

힘들고 지저분한 일을 하지 않으려는 사람들이 늘어나는 것은 어제 오늘의 일이 아니다. 뉴스 시간에 보면 노숙자, 실업자 등 무척 많지만, 막상 사람을 구하지 못해 애태우는 기업주도 많다. 도영 씨처럼 머리에 서너 개의 쟁반을 이고 배달 다니는 일을 하려고 뛰어드는 우리나라 젊은 여성들을 찾기란 그리 쉽지 않을 듯하다. 친척들 매장에도 젊은 사람들이 들어왔다가는 얼마 있지 못하고 나가는 경우가 잦다. 새벽 일찍 출근해야 하니 어려움이 따르는 것은 사실이지만 그래도 살만 해 그러는 게 아닌가 하는 생각도 든다. 궁여지책으로 조선족 남자를 고용했는데 성실하게 일하고 있어 여간 고마운 게 아니다.

한국에 나와 있는 조선족 수가 40만 명이 넘는다는 이야길 들었다. 충주시 인구보다 많은 숫자다. 모두 돈을 벌어 고국으로 돌아가 부모 형제, 처자식과 같이 잘 살아보자고 나온 사람들이다. 그들은 아버지, 또는 할아버지의 조국을 찾아왔지만, 누가 그들에게 쉬운 일자리를 주겠는가. 반갑게 맞아주는 친인척들이 있으면 다행이겠지만, 그들을 바라보는 눈이 매양 애처롭고 따뜻한 것만은 아니다. 적극적으로 도와주는 사람이 있는가 하면 이국인이라 하여 임금을 적게 주려는 사람도 없지 않다. 그러니 생각했던 것만큼 돈 벌기가 쉽지 않음을 폐부로 느꼈을 것이다.

버는 돈을 꼭 필요한 곳에만 쓰고 본국으로 송금하는 착실한 사람이 대부분이지만 어느 조선족 남자는 5년 동안 노동을 했어도 비행기 요금이 없어서 본국으로 돌아가지 못한다는 말을 들었다. 타향 객지 보다 더한 이국 만 리, 그것도 사랑하는 처자식을 멀리 두고 떠나온 마음이 오죽 허전하겠는가. 그러니 술을 가까이하게 되고 술을 먹고 나면 영웅심이 발동하고, 노래방으로, 술집으로……. 그들이 받는 월급은 그리 넉넉한 편은 아니다. 그렇다고 한국 사람들보다 적게 주지도 않는다. 전문직종이 아닌 단순 노동이다 보니 임금이 적을 수밖에 없다.

제일 무서운 게 외로움이란 말이 있다. 저녁에 텅 빈 방에 홀로 우두커니 앉아 있으면 고향 생각밖에 나지 않는다고 했다. 혼자 나온 조선족 여자가 있다. 서로 외로움을 달래고, 고향 이야기를 하다 보면 자연 가까워지게 되고, 그다음은 생활비를 아낀다는 명목으로 살림을 차리고……. 그래서일까? 부부가 같이 나오면 돈을 버는데 남자나 여자 혼자 나오면 불행해진다는 속설이 내려온단다.

도영 씨의 빈자리가 너무 컸을까? 식당은 영업을 계속했지만 삐걱거리는 것을 여실히 느낄 수 있었다. 점심때가 한참 지나서 점심을 가져오는가 하면 반찬을 한두 가지 적게 가지고 오기도 했다.

도영 씨가 돌아온 것은 한 달가량 지나서였다. 얼굴이 핼쑥해 보였다. 이제는 점심 걱정을 하지 않아도 되겠구나 생각하니 반갑기도 했다.

"무슨 일이 있었나요?"

"친정아버지가 돌아가셔서 중국에 갔다 왔어요. 간 김에 여러 가지 정리할 것도 있고 어른들 찾아다니며 인사도 하고 오느라고 좀 늦었어요."

착한 도영 씨를 두고 이러쿵저러쿵하는 말을 귀담아들은 내가 잘못이었다. 세상에는 어렵고 힘든 일을 하면서도 꿋꿋하게 살아가는 사람이 더 많다는 것을 새삼 깨달았다. 비단 도영 씨뿐 아니라 열심히 일하는 조선족 근로자들이 고맙고 대견하게 느껴졌다. 근로자 모두 꼭 금의환향하기를 바람 해본다.

가는 임

2010년! 당신이 머무를 수 있는 시간도 그리 많지 않구려. 옛말에 '가는 사람 돌로 치고 오는 사람 떡으로 친다'는 말이 있지만, 가는 임, 당신에게 돌팔매질을 하고 싶은 마음은 추호도 없습니다. 이 모든 것이 자연의 순리이고 법칙이니 가고 오는 것에 너무 연연해하지 말아야 할까 봅니다. 그래도 당신을 떠나보내려는 마음은 허전하기만 합니다.

이제 당신이 떠나고 나면 2011년이 그 자리를 차지하겠지요. 그 임은 당신보다 더 자비로우리라 믿어도 될까요. 당신은 우리를 너무 많이 울렸습니다. 때로는 웃음도 선물하고 즐거움도 주었지만 기쁜 일보다는 가슴 아픈 일이 더 많았음을 당신은 알고 있겠지요. 먼저 당신이 우리에게 안겨준 가슴 아픈 일부터 거론해 보겠습니다.

2월 24일 당신은 김길태라는 후안무치한 인간이 성범죄를 저지른 일을 기억하고 있을 것입니다. 그것도 심신이 자유롭지 못한 여중생을 성폭행한 다음 살해하여 물탱크 안에 유기한 사실 말입니다.

왜 그 일을 보고만 있었습니까. 어쩔 수 없는 일이었다고 하겠지만, 그 일로 인하여 많은 사람이 분노에 치를 떨었고, 어린 자녀를 둔 학부모들이 불안에 떨어야 했습니다. 당신은 이 일을 깊이 반성해야 할 것입니다.

다음은 천안함 사건입니다.

3월 26일 조용하던 한반도에 당신은 청천벽력같은 소식을 전해왔습니다. 백령도 근처 해상에서 대한민국 해군의 초계함 772 천안학을 반 동강 나게 한 사건은 천인공노할 사건이었습니다. 반 토막 난 함정이 가라앉는 모습을 바라보면서 온 국민은 가슴을 치며 분노의 눈물을 삼켜야 했습니다. 미처 피어나지도 않은 우리 해군 병사 40명이 사망하고 6명이 실종되는 비극이었습니다.

그런데도 당신은 묵묵히 지켜 보고만 있었습니다. 왜 그랬습니까? 당신은 그런 징후를 미리 알고 있지 않았었나요. 우리 해군에게 미리 알려주지는 못해도, 도발해오려는 저 괴수들에게 천인공노할 만행을 저질러서는 안 된다며 왜 호통을 치지 않았나요. 미처 피어보지도 못한 꽃! 무슨 말로 위로하렵니까. 저들은 뻔뻔스럽게도 자기네가 행한 일이 아니라고 발뺌하기에 급급하니 세상에 이런 일이 어디에 있나요. 지금이라도 늦지 않았습니다. 저들의 만행을 만천하에 알려주세요.

저들의 만행은 또 있습니다. 11월 23일 조용하던 연평도 마을을 포격, 긴장의 도가니로 몰아넣었습니다. 모든 국민은 전쟁이 일어나는 것은 아닌가 하는 불안에 떨어야 했습니다. 전쟁 중에도 민간인은 공격하지 않는 게 불문율인데 저들은 170여 발의 로켓포를 연평도에 퍼부었습니다. 평화롭던 마을은 삽시간에 아수라장이 되고 말았습니다. 집과 건물이 무너지고 아비규환의 순간이었습니다. 북한의 무차별 포격으로 해병대원 2명 전사, 16명이 중경상을 입었습니다. 어디 그뿐입니까. 민간인도 2명 사망, 3명이 중경상을 입었습니다. 북괴의 그 포격으로 말미암아 연평도 주민은 집도 절도 없는 신세가 되어 찜질방 등에서 피난 아닌 피난 생활을 해야 했습니다.

당신은 남의 일처럼 이번에도 침묵을 지켰습니다. 나 같았으면 해서는 안 될 일을 저지른 북한의 김정일을 잡아다 볼기를 쳤을 것입니다. 북한은 김정은을 내세워 3대 세습을 이어가는 세상에 유일무이한 독재정권이 아닙니까. 그리고 폐허가 되다시피한 연평도 재건에 드는 비용을 지불하라고 했을 것입니다.

가는 임! 너무 섭섭하게만 생각지 마시오. 지금까지는 당신이 우리에게 준 슬픈 일만 거론했지만, 이제는 기쁜 일도 상기해 보렵니다.

6월 11일부터 한 달 동안 남아공월드컵이 열렸었지요. 우리나라와 일본이 공동 개최한 2002년 월드컵에서는 우리나라가 4강까지 올라가는 저력을 보여 국민을 깜짝 놀라게 했지만, 역시 월드컵 16강 문턱은 높기만 했습니다. 그런데 이번에 원정사상 처음으로 16강에 올라가는 승전보를 전해 주었습니다. 우리가 16강에 오르기까지는 허정무 감독의

치밀한 전술 아래 양 박(박지성, 박주영) 쌍 용(이청용, 기성용)을 비롯한 선수들의 피와 땀이 결정체를 이루었기에 가능했을 것입니다. 16강에 오르게 해준 점 고맙게 생각합니다.

기쁜 일 또 있습니다.

당신은 우리에게 아시안게임 4회 연속 종합 2위의 성적을 안겨주었습니다. 그것도 금메달 76개, 은메달 65개, 동메달 91개라는 역대 원정 최고의 성적으로. 이번 대회에서 박태환 선수는 3관왕에 오르는 기염을 토했고, 수영 평영 200미터에 출전한 새내기 정다래 선수는 금메달을 건져 올려 아시아를 깜짝 놀라게 했죠. 3관왕에 오른 박태환 선수는 2010년을 빛낸 스포츠 선수 1위에 오르기도 했습니다.

가는 임! 당신이 우리와 같이 할 수 있는 시간도 이제 노루꼬리만큼 밖에 남지 않았군요. 오늘이 가기 전에 우리에게 안겨주었던 재앙 모두 걷어다 저 바닷물 속에 처넣으시고, 오는 임 편에는 세계 인류의 평화와 안정, 그것도 소외당하고 고통 받는 사람들이 안심하고 잘 살 수 있는 행복 한 보따리 들려 보내주시오.

당신 앞에

당신이 너무 보고 싶었습니다.

그 마음은 눈 쌓인 먼 길도 마다않고 달려오게 하였습니다. 호남지방에 눈이 많이 내렸다고 했습니다. 더구나 당신이 있는 정읍은 교통사정이 원활하지 못하다고 했지만 개의치 않았습니다. 오직 당신을 뵈어야 한다는 생각뿐이었으니까요. 뉴스에서 보던 대로 은색 나라가 내 눈앞에 펼쳐지고 있었습니다. 너무나 깨끗해 보였습니다. 경인년이 시작되는 날, 새 마음으로 당신을 뵙게 되어 무한 기쁨을 느낍니다.

당신은 백제 무왕(636년) 때 고승 영은 조사께서 지금의 절 입구인 부도전 일대로 추정되는 자리에 대웅전 등 50여 동에 이르는 대가람, '영은사'란 이름으로 창건되었다고 하지요. 고려조 숙종 3년(1098) 행안선사께서 전각당우를 중창했다는 기록이 있을 뿐 자세한 이력은 밝혀지지 않고 있어 안타깝기 이를 데 없습니다. 그동안 숱한 외세의 침략과 6·25 전란 등으로 문화재들은 소실이나 파손되어 지금은 별로 남아 있지 않지 않으니 아쉽기만 합니다.

가을이면 빨갛게 불타는 단풍으로 전국 각지에서 구름처럼 모여드는 인파가 당신의 공덕과 자비로움을 가늠케 합니다. 겨울이면 1미터가 넘게 쌓이는 눈 때문에 당신을 뵈러 오기 꺼리는 사람들도 있다고 하지만, 마치 하얀 이불을 뒤집어쓴 듯 의연하게 서 있는 당신의 고고한 자태를 보고 싶었습니다.

당신을 뵈러 오는 길은 그리 순탄하지 못했습니다. 길이 미끄러울 것 같아 대중교통을 이용하기로 했습니다. 전날 친지들이 찾아와 과음한 탓에 아침에 늦게 일어나는 우를 범하고 말았습니다. 허둥지둥 등산용 배낭을 둘러메고 거리로 내달렸습니다.

차가운 바람이 귓불을 때려 맑은 정신이 들게 합니다. 그렇습니다. 지금껏 살아온 세월, 뒤돌아보니 무엇 한 가지 내세울 것 없는, 욕심만 부린 것 같습니다. 나름대로 열심히 살아왔다고 생각했고, 남에게 해 되는 일은 하지 않은 것 같은데 모를 일입니다. 혹시라도 나 때문에 상처받은 사람이 있다면 용서받고 싶은 마음 간절합니다. 아니, 정말 없었으면 좋겠습니다.

단풍철에 오면 어찌나 사람들이 많은지 당신과의 교감을 나누기 어려웠습니다. 떠밀리다시피 밀려왔다가 소란스레 떠나는 인파에 뒤섞여 당신 곁을 떠날 수밖에 없었습니다. 이렇게 눈이 쌓이고 길이 험하니 당신을 뵈러 오는 사람이 얼마 되지 않네요. 당신은 청정한 숲 속에서 맑은 시냇물, 새소리와 벗하고, 아름다운 꽃들의 향을 맡으며 천 사백여 년을 서 있었지요. 당시에는 불심이 깊은 사람이 아니면 당신을 뵈러 오기 어려웠을 것입니다. 지금처럼 넓고 시원스레 포장된 길이 아닌, 구불구불 산모롱이를 돌고, 내를 건너며 한나절 정도는 걸어야 당신을 뵈올 수 있었겠지요. 그것도 당신의 용마루가 보이는 곳부터 두 손 모아 정중히 머리 숙여 예를 고하는 민초들의 모습은 소박하고 아름다운 한 떨기 꽃처럼 보였지 싶습니다.

하지만, 지금은 일부 지각없는 사람들이 처마 밑까지 차를 운전하고 들어와 매연으로 당신의 몸과 마음을 어지럽히니 참으로 부끄러운 일입니다. 지금도 내 마음은 불심이 지극한 사람이라면 멀고 먼 길을 고뇌하며 걸어와, 마음에 지닌 탐욕을 내려놓고 당신을 뵈어야 한다고 생각합니다.

당신 앞에 소생도 합장하고 섰습니다. 금년에도 저희 가정이 무탈하게 지낼 수 있게 해주시고, 남에게 읽히는 글도 쓰게 해달라고 축원합니다.

악한 사람보다는 선한 사람이, 요령 부리는 사람보다는 열심히 노력하는 사람이 잘사는 한 해가 되게 해주소서.

특히 올해에는 월드컵이 열리는 해이기도 합니다. 2002년 월드컵 4강 신화에 버금가는 성적을 올리게 해주소서. 한일 월드컵이 막바지에 이른, 6월 29일 연평도 근해에서 일어난 남과 북의 무력충돌은 우리에게 크나큰 충격을 주었지요. 함포와 기관포를 주고받는 치열한 접전이 벌어진 일 말입니다. 대한민국의 피해는 6명 전사, 18명이 부상을 입었고, 북한도 약 30여 명의 사상자를 낸 일이 있습니다. 본디 한 뿌리에서 태어났는데 왜 이리도 싸워야 하는지요. 바라옵건대 남과 북이 손잡고 하나 되는 해가 되게 해주소서.

대한민국의 영토, 독도를 자기네 땅이라고 우기는 일본인들의 우매함도 깨우쳐 주시옵고, 프랑스 국립파리도서관에 보관되어 있는, 세계에서 가장 오래된 금속활자본 『직지심체요절』도 돌아오게 해주소서.

어린이들이 마음껏 뛰어놀고 안심하고 생활할 수 있는, 천인공노할 조두순 사건과 같은 일이 다시는 일어나지 않게 해주시옵고, 일자리가 없어 방황하는 실업자들에게도 반가운 소식이 날아들게 해주소서.

올해에는 축산 농가들이 가장 두려워하는 구제역, 전 세계인의 건강을 위협하는 신종플루의 공포에서 벗어나게 해주소서.

당신의 어깨 위에 앉은 흰눈이 반짝하고 빛을 발합니다. 걱정 말라는 뜻이겠지요.

첫눈

아침에 일어나니 눈이 내리고 있었다. 첫눈치고는 제법 소담한 눈송이가 나풀거렸다. 올해 내린 첫눈은 지난해보다 보름 정도 일찍 내렸다는 기상대 발표다.

신문을 펼쳐 들다 말고 내리는 눈을 가만히 바라본다. 몸은 늙어도 마음은 청춘이라더니 나이가 들어도 첫눈에 대한 감회는 새롭다. 무엇이든 첫 번째를 소중하게 여기듯이 첫눈에 담겨진 의미가 특별한 것 같다.

여름에 들인 봉숭아물이 첫눈 올 때까지 남아있으면 첫사랑이 이루어진다는 이야기처럼 첫눈은 특별한 인연을 맺어주는 가교 역할도 한다. 평소에 용기가 없어 마음속으로만 애태우던 사람도 첫눈을 핑계 삼아 사랑을 고백해서 백년가약을 맺기도 한다. 어느 지인은 눈 오는 날 만나서 집에 돌아가지 못하고 맺은 인연이 화촉을 밝히는 계기가 되었다고 하니 첫눈은 아름다운 추억을 만들어주는 신비의 힘도 가지고 있나 보다.

등산화를 꺼내 신고 우암산으로 향했다. 살짝 깔린 눈 위를 이미 여러 사람이 밟고 지나간 흔적이 어지럽게 널려 있다. 마음 같아선 내가 제일 먼저 밟고 싶었는데…. 이 길을 밟고 지나간 사람들은 어떤 이들일까. 저처럼 희고 고운 눈을 밟을 수 있는 사람들이라면 눈처럼 깨끗한 마음의 소유자이리라.

산 중턱까지 오르니 숨이 차온다. 간밤에 불던 바람은 언제 심술을 부렸느냐 싶을 정도로 잔잔하다. 겨울 산에서나 볼 수 있는 상고대가 그림처럼 펼쳐져 있다. 벌거벗은 나뭇가지에 명주솜같이 하얀 옷을 갈아입히고 그것도 모자라 통통하게 살까지 찌워놓았다. 앙상하게 메마른 등걸도 치장을 하고 나니 한결 보기 좋다.

미처 떨어지지 않고 있던 빨간 단풍나무 잎에 얼어붙은 눈송이는 마침 떠오르는 햇살로부터 붉고 파란 조명을 받고 있어 어느 화가의 그림보다 더 아름답다. 촘촘한 잎 사이를 빠져나오지 못하고 소복하게 쌓인 낙엽송 가지 위의 눈도 탐스럽고 깨끗하게 보인다. 누가 저처럼 아름답고 화려하게 이 세상을 수놓을 수 있단 말인가. 오묘한 자연만이 할 수 있는 일이다.

산으로 올라갈수록 앞서간 발자국이 희미하다. 사람이 다녀간 흔적을 눈이 깨끗하게 덮어주었다. 길 옆에 발자국을 꽉 찍어본다. 제법 크고 확실하다. 허나 무슨 소용이랴, 곧 지워지고 말 것을.

설익은 문단활동을 하면서도 남보다 돋보이고 싶은 욕심이 있었지만,

어디 그게 내 마음대로 되는 일이던가. 처음에는 저 눈같이 희고 순수한 마음으로 원고지 칸을 메우기 시작했는데, 지금도 그때의 마음으로 글을 쓰는지 자신에게 물어보고 싶다.

그나마 요즘은 나태해져 얼마 지나지 않으면 묻히지 않을까 두려운 생각마저 든다. 무엇 한 가지 뚜렷하게 내세울 것 없는 초라하기만 한 내 발자국들, 지금이라도 지울 수만 있다면 지우고 다시 시작하고 싶다. 첫눈 위에 내 발자국을 크고 뚜렷하게 찍듯 하얀 백지 위에 새로운 삶을 펼쳐보고 싶다.

해마다 눈은 내리지만 올해 맞이하는 첫눈은 그 느낌이 다르다. 나이 탓일까. 소년시절에 겪었던 일이 새삼스럽게 생각난다. 그 해 내린 첫눈은 지금껏 가슴 시린 기억으로 남아있다.

집에서 가지고 간 몇 푼 안 되는 돈은 바닥이 났고 믿고서 찾아간 친구는 이미 그곳에서 떠나고 없었다. 혹 어디 재워주고 먹여줄 곳이 없을까 서울의 거리를 이리저리 헤매고 다녔다. 집을 떠나 추위와 배고픔에 떠는 소년이 안타까웠던지 겨울 날씨치고는 무척 포근했다.

아침을 냄비우동 한 그릇으로 때우고, 점심때가 지나도록 이곳저곳을 두리번거리다가 허름한 순댓집을 발견했지만, 주머니를 만져보니 감히 순댓집 문을 밀고 들어설 수가 없었다. 눈앞에 아른거리는 순대를 외면하고 돌아서는데 하늘에서 눈발이 날렸다. 날씨가 포근하다고 느꼈더니 눈이 오려고 했었나 보다.

소년은 하늘을 향해 입을 벌려 눈송이를 받아먹기 시작했다. 떨어지기 무섭게 녹아드는 눈송이가 소년의 배를 채워줄 리 만무했지만, 그래도 하늘을 향한 입을 다물지 못했다. 한나절이 넘도록 물 한 모금 마시지 못해 허옇게 타들어 가던 목구멍에 전해지던 차가운 눈의 감촉, 그것은 감로수와 다름없었다. 배고프고 가난했던 어린 시절엔 눈을 받아먹으며 허기를 채우기도 했다고 하면 요즘 아이들은 믿지 않을 것이다.

생각해보니 눈은 공평한 것 같다. 빈부를 가리지 않고 고루 나누어준다. 어느 지역을 찾아가든 그곳에 있는 모두에게 골고루 하얀 이불을 덮어주고 지저분한 것도 묻어주는 자상함도 있다. 가난한 사람에게는 희망을 갖게 하고, 편안한 사람들에겐 행복을 가져다준다.

그래서 사람들은 첫눈을 기다리나 보다. 첫눈이 오면 무언가 좋은 일이 있을 것만 같은 막연한 기대와 설렘 때문이리라. 나이는 들어가지만 나도 아직은 눈이 왔으면 좋겠다는 생각을 할 때가 있다. 이렇게 눈이 내리는 날이면, 눈사람도 만들어 보고, 김이 무럭무럭 나는 순댓집에서 막걸리 주전자를 앞에 놓고 정겨운 벗과 도란도란 옛이야기도 주고받고 싶다.

주먹밥

아내가 주먹밥을 만드느라 부산하다. 그 옆에서 맛있게 해달라며 어리광 비슷하게 아양 떠는 딸아이 모습이 우스꽝스럽게 보인다. 주먹밥이 무에 맛있다고,

딸아이는 제 엄마가 만들어주는 주먹밥을 무척 좋아한다. 중학교 다닐 때였던 것으로 기억된다. 소풍 가는 딸아이 도시락으로 주먹밥을 싸주었다. 그때 맛있게 먹은 것이 대학생이 된 지금도 그 맛이 제일이라고 제 엄마를 졸라댈 때가 있다. 나는 사 먹는 것보다는 반찬이 적어도 집에서 먹는 게 훨씬 더 낫다. 나를 닮아서일까. 딸아이도 구내식당에서 먹는 점심이 싫증난단다. 한번은 주먹밥을 해달라고 해서 가지고 가더니 친구들에게 '인기 최고'였다며 호들갑을 떨었다. 그런 모습을 바라보는 제 엄마는 흐뭇해하는 눈치였다.

색색의 피망, 달걀노른자, 늘어놓은 재료들이 만만찮다. 내가 직접 만드는 것이 아니니 무엇이 더 들어가는지는 모른다. 앞으로도 직접 주먹밥을 만들 일은 없을 것이니 굳이 알려고 할 필요도 없다. 하지만, 재료만 봐도 먹음직스럽고 맛깔스럽게 보인다.

맛을 보라며 접시에 몇 개 담아서 갖다 준다. 내가 아는 주먹밥 상식은 어른 주먹만 하게 둥그렇게 뭉친, 그래서 손으로 들고 돌려가며 베어 먹는 것으로 생각했었는데 내 책상에 놓인 주먹밥은 그런 게 아니다. 젓가락으로 집어 한입에 넣을 수 있는, 아주 작은 주먹밥이었다. 옛날에는 주먹밥 한 덩어리만 먹으면 요기가 되었다고 했는데 이 주먹밥은 열 개 정도를 먹어도 한 끼 식사가 될까 말까 할 것 같았다.

주먹밥 하면 작고하신 큰형님 생각이 떠오른다. 나이 차이가 무려 20년이나 나는 형님은 6·25전쟁에 참여한 용사이기도 하다. 아버지가 일찍 돌아가셨기에 나와 동생은 아버지 얼굴도 모르고 자라났다. 어린 우리 형제들이 밥그릇을 앞에 두고 반찬이 없네, 보리밥이네 하며 투정을 하면 정녕 배가 고파 보지 않아서 그렇다며 먹기 싫으면 그만두라고 호통을 치곤 했다. 어린 우리는 눈물을 찔끔거리며 밥상으로부터 물러나야 했고 그런 나와 동생을 달래느라 어머님은 적잖이 마음 고생을 하셨다. 당시에는 그런 형님이 무섭고 무척 야속했었지만, 가난한 집안을 이끌려니 어쩔 수 없는 일이었을 게다. 지금껏 살아계신다면 잘 해드릴 수 있을 텐데 마음만 아프다.

공산군과의 접전이 가장 치열했던 백마고지 전투에서 '물 한 모금, 밥

한 덩어리는 그야말로 천금보다 더 소중했다.'라고 당시를 회고하던 형님, 비행기 폭격에 힘입어 탈환한 백마고지는 밤이 되면 사방에서 쳐들어오는 북괴군의 공격을 막아내기 위해 안간힘이 아니라 죽기 아니면 살기로 싸워야 했단다.

한번은 적에게 포위된 일이 있었다고 했다. 가지고 있던 비상식량은 이미 바닥이 난 상태, 이틀을 포위망 속에서 버티고 나니 밀려오는 피로와 허기는 참으로 견디기 어려웠단다. 다행히 후속부대의 지원으로 보급로가 확보되어 받아든 한 덩어리의 주먹밥은 꿀맛, 아니 그 어떤 말로도 표현하기 어려웠다고 했다.

전쟁이 극심하던 시절이니 지금처럼 쌀이 남아돌기는커녕, 끼니를 거르지 않으면 다행으로 여길 일이었다. 쌀알이라곤 눈을 비비고 쳐다봐도 찾을 수 없는 시커먼 보리밥, 기름을 바르고 양념을 해서 뭉친 게 아니라 소금으로 간을 한 주먹밥 한 덩어리, 지금 손으로 꾹꾹 눌러서 뭉친 시커먼 보리밥을 그것도 반찬이라곤 하나도 없이 굵은 소금을 내놓고 찍어 먹으라면, 고마워하기는 고사하고 상이나 찡그리지 않으면 다행일 것이다. 더구나 맛있게 먹는 사람이 있다면 며칠 굶은 사람이거나 노숙자가 분명할 것이다. 형님은 며칠을 굶은 터라 그 주먹밥도 감지덕지, 게 눈 감추듯 먹어치웠다는 게다.

제 엄마 등 뒤에 서서 주먹밥 만드는 것을 지켜보는 딸아이에게 보리밥으로 뭉친 주먹밥을 갖다 주며 먹으라고 한다면 과연 맛있게 먹을까.

이걸 어떻게 먹느냐며 골을 부리고 제 방으로 들어갈 게 뻔하다. 나 또한 별반 다르지 않을 게다.

나는 어려서 6·25전쟁을 겪었지만 거의 기억나지 않는다. 더구나 군대에도 갔다 오지 못했다. 그때 신체검사관은 왜 나에게 '을종 보충역'이란 불명예스러운 판정을 내렸을까. 당시 내 건강은 이상이 없었는데. 지금 생각하면 무척 아쉽고 한스러운 일이다. 군 생활을 하지 않아서는 아니겠지만. 주먹밥 먹어 볼 기회가 없었다. 그러니 주먹밥의 참맛도 모른다.

올해 6월은 6·25전쟁 발발 60주년이 되는 해이고, 해마다 맞는 호국보훈의 달이기도 하다. 주먹밥 한 덩어리로 허기를 달래며 나라를 지키기 위해 총칼을 들고 싸운 당신들이 있었기에 오늘의 대한민국이 있음을 부인할 사람 아무도 없다

6·25전쟁 60주년을 맞아 체험행사를 준비하는 곳이 많다. 그중에는 주먹밥 만들기와 맛보기 행사를 기획하는 곳도 있다. 그런 행사에 참석해 주먹밥도 먹어보고, 생사(生死)를 넘나들던 용사들의 모습도 그려보고 싶다.

바닷가 소녀

파도가 철썩이는 바닷가, 그 한쪽 방파제에 쪼그려 앉아있는, 멀리 있기는 해도 울긋불긋한 옷차림으로 보아 여인 같다. 파도는 쉼 없이 밀려와 방파제에 부딪쳐 보지만 여인은 움직일 줄을 모른다.

무엇을 하는 것일까? 오늘같이 흐리고 비가 오는 날, 더구나 파도까지 몰아치는데 저처럼 쪼그리고 앉아있는 것은 필시 시름에 잠겨 있거나 무슨 말 못할 곡절이 있지 싶다.

희뿌연 안개가 해변으로 꾸역꾸역 몰려왔다가는 야트막한 산봉우리로 달려간다. 성수기가 아니어서 관광객도 많지 않다. 하필 이런 날을 잡아 여행 온 게 원망스럽기도 했다. 이미 계획된 일이고, 비가 온다거나 흐린다는 기상정보가 나오기 전이었으니 어쩔 도리가 없었다.

아직도 감성이 남아 있었는지 며칠 전부터 마음이 설레기 시작했다.

운전 잘하는 사람들은 목포까지 두 시간 반이면 충분하다고 했지만 내 운전 실력으론 세 시간 이상을 잡아야 했다. 아침 7시에 출항하는 여객선을 타려면 세 시쯤 출발해도 여유가 있을 것 같았지만 아무리 잠을 청해도 잠이 오지 않는다. 뒤척이느니 일찍 떠나자고 생각해 어젯밤 12시쯤 집에서 출발했다.

"홍도 관광의 진수는 33가지 비경을 들 수 있는데, 아름다운 바다와 어우러진 남문바위를 비롯하여 촛대바위, 칼바위, 남매바위, 독립문바위, 석화굴, 부부탑 등 끝도 없이 펼쳐지는 기암괴석으로……"

혹시나 하는 마음에 처남댁과 찬일이만 멀미약을 귀 뒤에 붙이고 즐거운 마음으로 여객선에 올랐다. 부-웅 하는 고동소리와 함께 출항한 배는 잔잔한 물 위를 미끄러지듯 푸른 물결을 가르며 달려 나갔다. 크고 작은 섬들을 안고 도는 풍경은 과히 환상적이었다. 다섯 살 찬일이도 신바람이 나서 배 안을 뛰어다니며 좋아한다. 진작 이런 곳에 데려오지 못한 게 마음에 걸렸다.

우리가 탄 여객선이 흑산도를 지나고 나서부터는 크게 뒤뚱거리기 시작했다. 무엇을 붙잡지 않고서는 걸어 다니지 못할 정도였다. 물보라가 2층까지 튀어오르곤 했다. 모두 의자를 붙잡고 숨을 죽이고 있다. 설마 했는데 속이 메스꺼워지기 시작했다. 아내는 이미 비닐봉지로 입을 가리고 있고, 처남도 그 아내가 올린 음식물 처리에 분주하다. 아직 스스로 참고 해결할 능력이 없는 찬일이는 나에게 매달려 어찌할 줄을 모른다. 나라고 무슨 방도가 있겠는가. 그저 끌어안고 등을 토닥여 주는 일 외에는, 그 와중에도 끄떡 않고 술을 마시거나 옆 사람과 이야기를 하는 사람들이 있었는데 마치 도인같이 느껴졌다.

홍도가 가까워지자 파도가 약해지기 시작했다. 멀미하던 사람들이 안정을 되찾아가고 있었지만 괴로워하는 표정은 여전했다. 풍랑주의보가 발령되었다는 안내방송이 나온다.

아름다운 절경을 보러 간다는 부푼 기대에 이곳에 오기 전까지는 행복했었다. 섬 나들이는 쉽지 않기에 처남 내외와 찬일이까지 데리고 왔는데 비가 오다니 낭패도 이만저만이 아니었다. 같은 여객선을 타고 온 사람들은 홍도 관광 차비를 하고 있었지만, 우리 가족은 식당에서 돌아갈 배를 기다리고 있어야 했다.

홍도 관광안내원이 섬을 한 바퀴 돌아오는 관광객을 모집하고 있었지만, 또다시 배를 탄다는 것은 생각만 해도 끔찍한 일이었다. 아내는 나보고 성한 사람들이나 구경하고 오라고 했지만 그럴 기분이 아니었다.

섬 구경을 간다니까 좋아하며 따라나선 찬일이가 식당에만 들어앉아 있으니 갑갑한가 보다. 가끔 빗방울이 날리긴 해도 옷이 젖거나 크게 문제가 될 정도는 아니어서 찬일이 손을 잡고 식당 밖으로 나오자 조금 전 정박하던 항구의 모습이 을씨년스럽게 다가왔다.

애초 계획은 홍도에서 하룻밤 묵을 예정이었으나 내일 여객선이 출항하지 못하면 꼼짝없이 갇히는 신세가 될 게 분명했다. 멀미의 위험을 무릅쓰고라도 오후에 육지로 나가는 게 나을 것 같았다. 여객선 출항시간도 알아보고 또 가까운 곳이라도 둘러보기 위해 천천히 부둣가로 발길을 옮겼다.

웅크리고 앉아있는 것으로 보이던 여인은 뜻밖에도 찬일이 또래의 여자아이였다. 세발자전거에 앉아서 하염없이 밀려오는 파도를 바라보는 중이었다.

어른들도 오늘같이 파도가 치는 날이면 방파제 가까이 가는 것을 꺼릴 터인데 세발자전거를 탄 어린이가 그곳에 있다는 사실만으로도 놀랄 일이다. 알고 보니 우리가 점심을 먹었던 식당 집 딸로 친구가 없어도 혼자 다니며 잘 놀아서 신통하다는 게다.

자전거를 서로 밀어주며 오랜 지기처럼 노는 모습이 신기하다. 모래가 하얗게 깔린 백사장을 가리키며 찬일이를 그곳으로 데려가려고 하는 것을 나는 기겁을 하며 말렸다. 육지 사람들과는 달리, 섬 어린이에게는 밀려오는 파도도 동무가 된다는 생각을 나는 하지 못한 것이다. 인구 감소로 초등학교가 분교가 되어버린 홍도, 외로움을 달래던 섬 어린이는 또래의 육지 어린이를 만나니 즐거운가 보다.

오후, 뭍으로 나오는 여객선을 타러 내려오는데 섬 어린이는 찬일이를 따라 자꾸만 부둣가로 내려오고 있었다.

'넓고 넓은 바닷가에 오막살이 집 한 채
고기 잡는 아버지와 철모르는 딸 하나~'

어디선가 노래가 들려오는 듯 했고 어린아이 혼자 두고 배를 타는 내 마음도 편하지만은 않았다.

그 맛

어머님이 도토리가 한 가득 담긴 자루를 힘겹게 지고 대문을 들어서신다. 얼른 다가가 받으려 했는데 어머님은 간 곳 없고 아내가 들어온다. 어머님은 도토리 자루가 무거워 등을 앞으로 구부렸었는데 아내는 꼿꼿하다. 받아든 배낭이 한 손으로 들기에도 가볍다.

어머님은 식량에 보탬을 하고자 도토리를 주워 나르셨지만, 아내는 먹을거리가 부족해서 주워오는 게 아니다. 무공해 식품 맛을 느끼기 위해, 다이어트 식품을 직접 만들기 위해서다. 또 있다. 남아도는 시간을 적절히 소비하기 위한 방편이기도 하다.

어릴 적 도토리묵으로 끼니를 잇던 서글픈 기억이 생생하게 떠오른다. 지금처럼 들녘에 서있는 벼이삭이 누렇게 물들어가기 시작하면 가난한 집은 보리쌀 항아리도 이미 바닥이 드러난 상태다. 가을 햇곡은 아직도 한 달여를 기다려야 하는 어중간한 시기, 어머님은 자식들의 주린 배를 채워주기 위해 산에 가서 도토리를 주워 오시곤 했다.

저녁 해가 설핏 기울면 산(山)열매 주우러 가신 어머니를 기다리다 마중을 가곤 했었다. 그때 어머니는 도토리 자루를 머리에 이거나 등에 지고 오시곤 했는데 내가 받아서 지고 오기가 벅찰 정도였다. 허리가 한 움큼도 되지 않는 여인의 몸 어디에서 그런 힘이 나올까. 여자는 약해도 어머니는 강하다고 하더니 그 말이 맞나보다.

인근 야산에 있는 도토리는 떨어지기 무섭게 주워가고 없으니 점차 멀리 나가야 했다. 어느 때는 이십여 리나 되는 곳까지 가서 주워오곤 했었는데 아침 일찍 주먹밥 한 덩어리 싸가지고 가서 온 산을 다 헤매고 다녀야 했으니 얼마나 시장하셨을까.

어머니가 그렇게 힘들여 주워온 도토리는 방앗간에서 빻은 다음 녹말을 가라앉히고 다시 그 물을 끓여 묵을 만드는데 그 과정이 그리 쉬운 것은 아니다. 나는 어머니가 묵을 쑤는 동안 불도 때고, 묵이 솥 바닥에 눌어붙지 않게 계속 주걱으로 휘저어야 했다. 묽기가 적당하다고 생각되면 넓은 그릇에 퍼 담아서 식히면 묵 쑤기는 끝난 셈이다. 두부 모 자르듯 적당한 크기로 잘라서 채로 썰거나 골패 묵을 만들어 주시던 그 맛은 지금 식당이나 시장에서 사 먹는 것과는 비교도 할 수가 없다.

올해는 산열매가 풍년이다. 옛날에는 흉년이 들면 머루, 다래, 밤, 도토리 등이 많이 달려 가난한 사람들 식량에 보탬을 주었으니 자연의 위대한 섭리일 것이다. 가을에는 가난한 딸네 집에 가는 것보다 산에 가면 더 귀한 대접을 받는다는 말이 전해 올 정도로 가을 산에 가면 먹을거리가 풍성하다.

산을 다니다 보면 높은 가지에 매달린 머루나 다래를 가끔 보기는 하지만 너무 높아서 딸 수가 없다. 그러니 그림의 떡에 불과하다. 입맛만 다시다가 돌아서기도 하고, 어쩌다 서리 맞은 다래가 땅에 떨어져 있는 것을 주워 입에 넣어보지만 어릴 적 보리쌀 항아리에 묻어두었다가 익으면 꺼내 먹던 달착지근한 그맛은 나지 않는다. 다래 맛이 변한 것일까. 아니다. 세월이 변하니 내 입맛도 변했나 보다.

아내가 며칠째 우암산에서 도토리를 주워 온다. 처음에는 몸이 불어난다며 시작한 등산이 지금은 도토리 줍는 재미로 산을 다니는 것 같다. 놀며 가며, 쉬며 가며 그렇게 갔다 오면 한나절이 걸린단다. 나 같으면 정상까지 갔다 와도 두 시간이면 충분하다.

전에도 아내는 도토리를 주워와 묵을 만들었었다. 처음에는 몇 번이나 낭패를 보더니 이제는 제법 쫀득쫀득한 묵을 만든다. 아내가 만들어 주는 묵 맛은 옛날 어머님이 만들어 주던 그 맛은 아니었다. 지금은 양념이 좀 좋은가. 그때 가난한 농촌에서는 양념이라야 간장에 마늘 다져 넣는 것이 고작이었고 어쩌다 기름이라도 한 방울 떨어트리면 금상첨화였다. 나는 특히 삭인 고추 다져 넣은 것을 좋아했었다. 그때만 생각하고 묵밥집에서 삭인 고추 나온 것을 한 숟가락 넣었다가 입을 호호 불며 눈물을 질금거린 일도 있었다.

산성 너머 있는 묵밥 집은 평일인데도 손님들이 많다. 값도 저렴하고 먹기에 편해서 자주 가는 집이다. 전에는 도로변, 다 쓰러져가는 슬레이트집에서 장사를 했었는데 지금은 건물을 크게 짓고 대형 주차장까지 갖추고 영업을 하고 있지만, 맛은 그전만 못한 것 같다.

어머님이 해주시던 도토리묵은 약간 떫은맛이 났었다. 도토리 빻은 것이나, 묵을 해서 물에 담가 우려내야 하는데 우선 먹기가 급해서 바로 요리를 한 탓이었을 게다. 그런데 지금은 어느 집의 묵이든 전혀 떫은맛이 나지 않는다.

살기가 어려운 시절에는 주식 대용으로 먹었지만, 지금은 저칼로리, 참살이 식품이라 하여 다이어트 하는 사람들이 즐겨 먹는다. 아시아나 항공은 기내식으로 도토리묵밥을 제공하고 있는데 탑승객들의 큰 사랑을 받고 있다고 한다. 도토리묵밥은 소화기능을 촉진시키며 열량이 적어 위에 부담을 줄이는 건강식으로 정평이 나있다.

아내가 주워온 도토리가 언제쯤 묵이 될까. 묵이 되면 막걸리도 한 잔 곁들여 먹고 싶다. 입에서는 벌써부터 군침이 돌기 시작한다.

2

신선이 사는 곳

- 공룡의 등
- 산막이 옛길
- 화진포의 城
- 남매탑
- 신선이 사는 곳
- 파도에 실린 염원
- 하산주(下山酒)
- 무임승차
- 철들었네

공룡의 등

소문처럼 공룡의 등은 거칠었고 쉽사리 발길을 허락하지 않으려는 듯했다. 그런 줄도 모르고 나는 건방을 떨며 공룡의 등에 올라탔으니 '하룻강아지 범 무서운 줄 모른다.'라는 옛말이 하나도 그르지 않다.

지금까지도 쉬운 구간은 아니었지만, 무척 가파르고 오르막도 길다. 어렵게 신선대를 오르자 이번에는 내려가야 하는 길이다. 어느 곳이든 길은 잘 정비되어 있었다. 등산로만 벗어나지 않는다면 큰 위험은 없을 것 같았다. 나는 1,275봉을 어떻게 넘어왔는지 아련하기만 하다.

마등령까지 가는 동안 올라가고 내려가고를 몇 번이나 반복했는지 모른다. 몸은 천근만근 무겁고 무릎은 더 걷지 못하겠다고 비명을 지른다. 더구나 지난밤 잠 한숨 자지 못한 눈꺼풀은 자꾸만 감기려 한다. 메아리산악회 명찰을 단 사람은 보이지도 않는다. 몇 사람이 공룡능선으로 접어든 것 같은데 이미 멀리 갔나 보다.

땀이 비 오듯 흐른다. 이젠 마실 물도 떨어지고 없다. 저려오는 다리를 끌고 100여 미터쯤 가다간 주저앉아 쉬고를 반복했다. 이럴 줄 알았으면 천불동으로 내려갈 걸 그랬다는 후회를 해 보지만 소용없는 일이다. 한번 공룡능선에 들어서면 옆길로 내려갈 수 있는 길도 없다.

공룡능선을 꼭 타 보고 싶은 마음 간절했다. 하지만, 산이 어디 의지만으로 오를 수 있는 곳이던가. 산을 얕잡아 보고, 준비도 없이 거드름을 피우다 산의 준엄한 심판을 받은 자 하나 둘이 아니다. '설악의 공룡능선을 타보지 않은 자 감히 산을 논하지 마라.'라는 어느 카페의 글은 나의 호기심을 자극했다. 산을 자주 다니면서도 공룡능선에 대해 몰랐다는 자괴감도 밀려왔다.

한번 공룡의 등을 타 보고 싶다는 생각이 들자 마음은 걷잡을 수 없을 정도로 공룡능선으로 달려가기 시작했다. 어느 곳에서 시작하든 10~12시간, 약 20km 되는 코스다. 매일 아침 한 시간 정도 산책을 하고 주말에 4~5시간 정도 산행을 하고 있으나 이 정도의 체력으론 어림없단 생각이 들었다. 주중에도 우암산을 한 차례씩 오르고 주말에는 조금 멀리 산행을 했다.

10시간 넘는 산행, 우암산과 산성을 거쳐 이티봉까지 갔다 오면 10시간이 넘는 코스가 될 것 같았다. 물도 두 병이나 넣고 간식도 넉넉하게 챙긴 배낭은 어깨를 가볍게 짓눌렀지만 별 무리는 없었다. 그날 총 산행 거리는 약 28km, 공룡능선보다 8km 정도 더 긴 거리다. 10시간이 조금 더 걸렸다. 자신이 생겼다. 10시간 산행하는 사람이 2시간 더 못하랴 싶었다. 그러나 한편 생각해보면 산성을 거쳐 이티봉을 돌아오는 길은 잘 포장된 아스팔트길이 아니라 비단길이나 마찬가지인 셈인데 어찌 공룡능선과 비교할 수 있으랴.

오색약수터에는 이미 전국에서 온 산악인들로 북적인다. 무박 산행에 이처럼 많은 사람이 몰리는 줄은 생각도 못했다. 새벽 2시 30분, 출입문이 열리자 랜턴을 켜고 앞 다투어 대청봉을 향해 내닫는다. 오색에서 대청봉까지는 세 번이나 올라가 본 길이지만 어두운 밤이라 어디가 어디인지 도무지 분간되지 않는다.

한참 올라가다 보니 물 흐르는 소리가 경쾌하게 들려온다. 아마 설악폭포 가까이 온 것 같았다. 낮같으면 반석 위에 배낭을 내려놓고 시원한 물줄기도 감상하고 땀도 좀 식히련만 그럴만한 여유가 없다.

대청봉 가까이 올라가자 동쪽이 부윰하게 밝아온다. 주변의 고사목도 제법 눈에 들어온다. 이미 온몸은 땀으로 뒤범벅이 된 상태지만, 지대가 높아서 그런지 바람이 서늘하다. 기분도 상쾌하다. 이슬을 함초롬히 머금고 미소 짓는 야생화가 오늘따라 더욱 청순하게 느껴진다.

이미 대청봉엔 많은 사람이 올라와 있다. 날씨가 좋으면 아침 해가 동해를 금빛으로 수놓는 모습을 볼 수 있으려니 했다. 어젯밤 비가 내리고 장마 기간이어서인지 태양은 얼굴조차 보여주지 않는다. 무릎에 통증이 오기 시작한다. 배낭에서 무릎보호대를 꺼내 착용하고 스틱도 꺼내 들었다.

무너미 고개에서 바라본 만물상은 신이 빚어 놓은 조각품 같았다. 안개 속에서 어렴풋이 모습을 드러냈다간 숨어들고를 반복한다. 많은 사람은 천불동계곡 방향으로 내려가고, 공룡능선 쪽으로 접어드는 사람은 몇 명 되지 않는다. 나는 기꺼이 공룡의 등을 택했다.

"자신의 체력은 자신이 제일 잘 아는 법입니다. 체력에 자신 없는 분은 민폐 끼치지 말고 천불동으로 하산하십시오. 다시 한 번 말씀 드리지만, 산행 종료 예정 시간은 14:30분입니다."라고 강조하던 산악대장의 말이 귓전을 울린다. 주머니 속의 비상금을 가만히 만져본다. 혹 산행 종료 예정시간까지 내려오지 못할 것을 염려해 설악동에서 집까지 택시 타고 오려고 준비해간 돈이다.

마등령에서 얼마를 내려오자 비선대가 보이기 시작했다. 사람들의 말소리가 웅성웅성 들려온다. 이젠 살았다 싶었다. 12:30분, 아직 2시간이나 남아 있다. 비선대 맑은 물에 풍덩 뛰어들어 더위도 식히고 땀을 씻고 싶었지만, 그럴만한 시간도, 마음의 여유도 없다. 내가 마지막인 줄 알았는데 저만큼 앞에 우리 메아리 산악회 마크를 단 배낭이 보인다. 그제야 안도의 한숨이 터져 나온다. 고생은 했지만 가장 기억에 남는 산행이었다. 몸은 피곤해도 마음은 상쾌하기 이를 데 없었다.

산막이 옛길

아침부터 는개가 내린다. 비답게 내리면 밖을 내다보지나 않겠는데, 게으른 사람 낮잠 자기 좋을 만하고, 부지런한 사람 일하기 좋을 만하게 내린다. 그러나 나는 부지런을 떨어야 할 이유도, 잠을 잔다고 뭐라 할 사람도 없다.

어디 가서 갑갑증이나 풀고 올 요량으로 가벼운 배낭을 꾸려 집을 나섰다. 어디로 갈까 생각하다가 요즘 사람들이 많이 찾는 괴산댐 부근에 있는 산막이 옛길을 떠올렸다. 자욱한 물안개가 피어오르는 풍경은 더 아름답고 운치 있을 것 같았다.

차로 한 시간이면 산막이 옛길이 있는 괴산댐 입구에 닿을 수 있고 걸어서 두 시간이면 옛길 끝까지 갔다가 되돌아올 수 있다고 한다. 등산 좋아하는 사람에게는 조금 짧은 거리이지만 오늘같이 비가 오는 날은 멀리 가기도 그러니 제격이다.

산막이 옛길은 내가 자란 괴산군 칠성면에 있으니 고향마을이나 진배없다. 고향 인근에 있는 이런 좋은 유원지를 지금껏 모르고 지냈다는 것은 부끄러운 일이기도 하다. 더구나 산막이 옛길 초입에는 우리나라 기술로만 건설된 최초의 수력발전소가 있어서 자부심도 느끼게 한다.

내가 어려서는 괴산 수력발전소가 아닌 칠성 수력발전소라는 이름으로 더 많이 불렸다. 그것은 발전소 수문 위에 있는 초대 대통령 이승만 박사가 써 준 휘호 '이대통령각하 필/칠성언제/단기 4290년 1월 일(李大統領閣下 筆/七星堰堤/檀紀 四二九0年 一月 日)'에서도 확인할 수 있으나 지금은 작은 면 단위 이름보다는 군(郡)의 이름을 딴 괴산수력발전소로 불리고 있다. 어쨌거나 둘 다 우리 고장 이름이니 과히 서운해하지는 말아야 할까보다.

산막이 옛길은 발전소가 생기기 전에는 사람들이 산길로 돌아다니지 않아도 되었지만, 계곡을 막아 물을 가두니 길이 없어졌다. 자연 수몰지역 주민은 떠나가고 남은 사람들은 산비탈을 돌아서 다니는 불편한 생활이 계속될 수밖에 없었다.

발전소 기공식 때 어머니 손을 잡고 수력발전소가 있는 외사리 마을에 다녀간 기억이 어렴풋이 떠오른다. 이승만 대통령이 온다고 하여 사람들이 구름같이 모여들었지만, 대통령을 본 기억은 없다. 나중에 들은 이야기로는 상공부장관이 다녀갔단다.

햇빛 한 점 들어오지 않는, 울울창창, 그야말로 사방이 녹음으로 꽉 들어차 있다. 옆으로는 시퍼런 강물이 흘러간다. 옛날에는 이 길을 먹고 살기 위한 수단으로 드나들었지만, 지금은 관광객들이 자신의 건강을 다지고 새로운 풍광을 구경하기 위해 몰려다닌다.

나는 어렸을 적 이보다 험하고 비탈진 길을 그것도 무거운 짐을 지고 수없이 오르내렸다. 지금 생각하면 아득하기만 하다. 이제 그런 무거운 짐이 아닌 마음의 짐을 지고 갈 뿐이다. 남은 길이나마 순탄하게 갔으면 좋겠는데 마음대로 되려는지 알 수 없다.

우리나라 3대 도보여행 코스라 하면 제주도 올레길, 지리산 둘레길, 또한 이곳 산막이 옛길을 꼽는다고 한다. 지리산 둘레길은 자연 그대로의 길이지만, 이곳은 옛날 나뭇짐을 지고 다니던 때의 오솔길에 좁게 자른 갑판을 깔아서 정비한 길이다. 총 길이 약 3.2km 중, 갑판이 깔린 길은 2km 남짓 된다고 한다. 경사도 그리 심하지 않다. 칠성호변을 따라 나 있는 길이어서 산 아래를 돌아간다고 생각하면 되는 길이다.

산막이 옛길 끝에는 마을이 있다. 옛날에는 13가구 50여 명의 주민이 살고 있었지만, 지금은 모두 도시로 떠나가고 3가구 5명의 주민만이 살고 있다. 전에는 농업에 의존해 살았지만, 지금은 관광객을 상대로 매운탕을 끓여 팔거나 민박을 하며 살아가고 있으니 유유자적하는 삶이리라.

솔가리가 빨갛게 깔린 소나무 동산에 출렁다리가 있는가 하면, 잠시 쉬며 마음을 가라앉힐 수 있는 휴식공간도 많다. 잠시 벤치에 기대앉아 한숨 돌린다. 내가 힘겹게 고개를 넘고 가시밭길을 걸을 때 이렇게 쉬어 갈 생각을 했었더라면 얼마나 좋았을까. 그저 앞만 보고 달려야 했고 뒤쳐질까 조바심을 했다. 그러나 이젠 그렇게 서두르지 않아도 된다. 당시는 왜 그리 조급하게 생각했을까. 이렇게 편안하고 마음이 여유로운 것을.

목이 마르면 목을 축일 수 있는 작은 옹달샘도 있다. 살아 있는 나무 둥치에서 졸졸 흘러나오는 물은 생명수 그 이상의 힘을 가지고 있다. 목이 말라 표주박 가득 받아서 마셔본다. 그야말로 감로수다. 내가 힘겨워할 때 용기를 주던 은인들을 찾아뵈어야지 하면서도 차일피일 미루고 있으니 사람 노릇 못하고 살아가는 것이 틀림없다.

숲 속을 따라 걷는 산막이 옛길은 몸과 마음이 편안해진다. 앞에는 가족들로 보이는 일행이 천천히 걸어간다. 그 모습이 무척 정겨워 보인다. '까르르'하는 해맑은 웃음소리가 고요한 정적을 깨고 울려 퍼진다. 경상도 말씨로 느껴진다. 이처럼 전국에서 많은 사람이 몰려오는 곳이 되었으니 우리 고향의 자랑거리임이 틀림없다.

산막이 옛길 끝에서 대기하고 있던 유람선에 몸을 실었다. 파랗게 물든 계곡물에 물구나무서기를 하고 있는 산 경치가 참으로 아름답다. 심술을 부리던 날씨도 해맑게 웃으며 얼굴을 내민다.

화진포의 城

장마가 오래 머물러서 지루했었는데 이제 불볕더위가 그 자리를 대신하고 괴롭힌다. 이렇게 더위가 기승을 부리는 때에는 오래전 다녀온 화진포 해수욕장이 더욱 생각난다. 지금도 화진포 해수욕장에는 검푸른 동해의 파도가 밀려오고, 순백의 모래밭에는 태양이 이글거릴 것이다. 한 시대를 풍미했던 거목들이 부르짖었던 역사의 함성도 들려오는 듯 할 거다.

그곳에는 서로 다른 길을 걸었던 정치가들의 별장이 있다. 먼저 고뇌에 찬 노(老) 정객 이승만 전 대통령의 모습이 떠오른다. 자신의 영달만을 꾀하고 헐벗고 굶주리는 국민의 생활은 안중에도 없었던, 부정부패 정치의 일인자 이기붕 전 부통령, 우리나라를 두 동강 나게 하고 동족상잔을 불러일으킨 김일성, 이 세 사람의 별장이 함께 있다는 사실은 참으로 아이러니하다.

몇 해 전, 여름휴가를 맞아 처가 식구들과 함께 강원도에 간 일이 있었다. 첫날 우리 일행은 주문진 해수욕장에서 더위를 쫓고 주문진항으로 접어들었다. 싱싱한 회를 맛보기 위함이다. 어렵게 주차하고 들어간 주문진 수산시장은 활기가 넘쳤다. 펄떡펄떡 뛰는 생선은 바다가 먼 충청도 사람의 입맛을 사로잡고도 남았다. 포만감에 부풀려진 마음은 한결 여유로웠다. 전에 묵었던 민박집의 후한 인심이 떠올라 찾아가니 마침 빈 방이 있다.

이튿날은 우리나라 최북단 비무장 지대에 있는 통일전망대를 돌아보기로 했다. 민간인 출입제한 지역으로 들어가려면 출입신고와 안보교육을 받아야 했다. 이 찜통더위에도 무장한 군인들이 일일이 출입차량을 검문하고 출입증을 내주고 있어 미안하기까지 했다. 통일전망대에서 바라본 북녘 땅은 만감이 교차했다. 뚜렷하지는 않지만, 육안으로도 보이는 금강산은 어서 오라는 듯 손짓하는 것 같은 착각을 불러일으켰다.

돌아오는 길은 시간적 여유가 있었다. 고성까지 왔으니 화진포에 들려서 해수욕도 즐기고 격동의 세월을 함께한 역사의 현장도 둘러보고 싶었다.

수심이 얕고 에메랄드빛을 띤 화진포 해수욕장, 조개껍데기가 부서져 만들어진 고운 모래밭은 물놀이하기에 좋은 조건을 갖춘 곳이다. 쪽빛 바다를 보자 딸아이는 제 조카 손을 잡고 바닷물에 첨벙 뛰어든다. 우리가 따라 들어가지 않자 물을 끼얹으며 빨리 들어오라고 성화다. 그 모습이 무척 귀엽고 싱그럽다. 빙그레 웃음을 머금으며 카메라만 들고 노(老)정객의 별장으로 향했다.

이승만 전 대통령의 별장은 울창한 해송 사이로 그 모습을 조금씩 드러내고 있었다. 호수의 풍광을 여유롭게 바라보며 발걸음을 옮겨놓는 내게 검푸른 파도가 달려든다. 그 모습은 조국의 해방을 위해서 몸을 사리지 않던 성난 노 정객의 모습 같아 보였다. 조국의 광복을 위해서 목이 터져라 외치던 함성일지도 모른다. 또 있다. 남북통일을 염원하는 마음으로 이 곳 휴전선 가까이 별장을 지었지 싶다.

지금 청주에 있는 전 대통령들이 사용하던 청남대 별장과는 상상할 수 없을 정도로 초라했다. 기대가 와르르 무너지는 순간이었다. 이 나라 최고 권력자가 사용했다고는 믿기 어려울 정도로 검소한 소품들이 눈길을 끈다. 녹슨 타자기, 테두리가 나무로 된 라디오, 손으로 돌려야만 교환원이 나오는 전화기, 당시에는 고급 물건이었겠지만, 요즘 사람의 눈에는 화려하거나 값나가는 물건으로 보이지 않는다. 벽에는 노 정객이 입었던 재색 두루마기와 검정색 양복, 프란체스카 여사가 입었던 옥색 한복이 가지런히 걸려 있어 옛날 할아버지 할머니 방에 들어온 것처럼 편안했다.

이 나라 최고 지도자가 사용했다고는 믿기지 않을 정도로 볼품없고 조그마한 나무 침대는 보는 이의 마음을 숙연하게 했다. 권력에 눈이 어두워서였을까. 아랫사람을 너무 믿어서일까. 그토록 사랑했던 고국에서 눈을 감지 못하고 이역만리 하와이에서 일생을 마감한 비운의 대통령이었지만, 고국을 사랑하는 노 정객의 마음은 변함없었으리라.

이기붕 전 부통령 별장은 1920년대에 외국인 선교사들에 의해 지어졌고, 해방 이후 북한 공산당의 간부 휴양소로 사용되었던 건물이라고 한다. 휴전 이후에는 박마리아 여사가 개인 별장으로 사용했단다.

해안 절벽 위 송림 속에 화려한 자태로 자리한 모습에서 '화진포의 城'으로 불린 김일성 별장, 1945년 이후에는 북한이 귀빈 휴양소로 운영하였고 당시 김일성의 처 김정숙과 김정일 형제가 묵고 간 적이 있다고 한다.

지금도 고성을 떠올리면, 새하얀 백사장과 이승만 전 대통령의 별장이 눈앞에 선하다. 검푸른 파도가 밀려오면 좋아라 날뛰던 딸아이는 어엿한 숙녀가 되었고 고모 손에 이끌려 멋모르고 바닷물에 들어갔던 찬일이는 중학생이 되었다. 시간이 난다면 다시 한 번 화진포에 다녀오고 싶다.

남매탑

애초 계획은 이게 아니었다. 이곳 남매탑에서 삼불봉을 거쳐 은선폭포 쪽으로 내려갈 생각이었다. 그런데 계획을 포기하지 않으면 안 될 상황에 이르렀다. 새해 첫날부터 계획을 포기하는 나약함을 보이는 게 마음에 걸렸지만 어쩔 수 없는 일이다.

올라오면서 본 상황은 은선폭포 쪽으로 오르는 계룡산 등산로는 통제하고 있었다. 지난밤에 내린 폭설과 오전에 내린 눈이 원인이었다. 남매탑 방향은 등산을 허용하고 있지만, 그것도 남매탑까지 뿐이었다. 그곳에서 삼불봉 방향이나 금잔디 고개를 넘어 갑사 쪽으로 내려가는 길은 모두 통제하고 있기 때문이다. 날씨도 무척 춥고 눈이 많이 쌓여 있어 길이 무척 미끄럽다. 등산객의 안전을 위한 통제인데 어찌 따르지 않을 수 있겠는가. 하지만 이것은 포기가 아니라 수정이라고 스스로 다짐해본다.

집을 나설 때부터 상서롭고 복이 담겨 있다는 함박눈이 내렸다. 눈이 내리니 모든 세상이 은빛이다. 눈이 부시다. 얼마 전까지 상대방을 헐뜯고 비방을 일삼던 대통령 선거에서의 이전투구(泥田鬪狗) 현상도 묻혀버렸다. 이제 서로 보듬고 달래며 새로운 세상을 열어가라는 창조주의 계시쯤으로 받아들였으면 좋겠다.

오늘 내리는 눈은 서설(瑞雪)이 분명하다. 새해를 여는 첫날 복을 주심이다. 하지만 마음속으로는 오늘 일정을 취소할까 하는 생각도 들었으나 강행하기로 마음을 굳혔다. 다른 날도 아니고 새해 첫날부터 마음속으로 한 약속을 지키지 않는다면 의미가 없을 성 싶어서다.

차가 엉금엉금 거북이걸음이다. 대중교통 이용하기를 잘했다는 생각을 몇 번이나 되풀이했다. 항상 그랬다. 새해 첫날 나들이는 대중교통을 이용해오고 있다. 몇 년 전 내장사에 갔을 적에도 그랬고 지난해 속리산 문장대를 넘어 법주사를 찾았을 때에도 그랬다.

다른 사람들은 새해 첫날 해돋이를 보기 위해 전망 좋은 산이나 바닷가로 향하는데 나는 몇 년 동안 산사(山寺)에 들렀다가 산을 오르는 것으로 대신하고 있다. 해돋이를 보기 위함은 아니고 건강하게 한 해를 보낼 수 있게 해달라는 염원이 담긴 산행이라고나 할까. 살을 에는 듯한 칼바람을 맞으며 지난해를 되돌아보고 산사에서 울리는 풍경소리를 들으면 머리가 맑아지고 기분도 상쾌해지곤 했다.

동학사 입구에 도착하니 퍼붓던 눈이 그쳐가고 있었다. 다행이다. 조금 전까지 앞이 보이지 않을 정도였는데 파란 하늘이 방긋 웃는 모습은 신기하기까지 했다. 예상보다 시간이 많이 지체되었다. 산사(山寺) 주변의 소나무가 함박눈의 무게를 견디지 못하고 가지들을 축 늘어뜨리고 있어 안쓰럽다. 평소의 청청하던 그 기백은 찾아볼 수도 없다. 날씨가 따뜻해지면 본래의 모습을 되찾을 거다. 그때까지는 모진 수난이 계속될 것만 같다.

남매탑 주변에는 아직도 사람이 많이 남아있다. 어찌나 안개가 짙은지 해가 떠오른다고 해도 보이지 않을 정도이다. 정오가 가까운 시각임에도 탑 주위를 서성거리는 사람들이 많으니 새벽에는 어느 정도였는지 짐작이 가고도 남는다. 상원암에서는 새벽에 이곳 시산제에 참여한 사람들과 등산객에게 아침 공양을 제공했다니 그 노력과 정성에 고개가 숙여진다. 모든 것을 등짐에 의존해야 하는 상원암에서는 실로 큰 울력이었을 게다.

남매탑에 처음 올라왔던 기억은 오래전이다. 어머님을 여읜 슬픔에 동학사까지 왔다가 이곳에 올라와 마음을 달래기도 했고, 딸아이의 대입 수능고사 전날에도 이곳에 올라와 마음속으로 기원을 했다. 그 후에도 심란하거나 풀리지 않는 일이 있으면 머리를 식히러 오던 곳이다.

나이 지긋한 어른에서부터 엄마 손을 잡은 어린이에 이르기까지 탑 주위에 머물러 있는 사람들의 표정이 한결같이 엄숙해 보인다. 중년의 한 여인이 탑 앞에서 걸음을 멈춘다. 합장하며 머리를 숙이는 모습이 참으로 경건하다. 나도 탑 주위를 천천히 걸으면서 마음속으로 주문을 외운다. 정치인이나 사회 지도층에 있는 사람들은 자신보다는 나라의 발전과 국민의 태평성대를 먼저 기원했다고 하는데 나는 가정의 안위를 빌고 있으니 어쩔 수 없는 속물인가 보다. 또 있다. 요즘 슬럼프에 빠진 나의 문장 실력도 향상되게 해달라는 주문도 곁들인다.

다른 사람들은 어떤 소원을 빌고 있을까? 저 중년부부는 아마 자녀의 유명대학 입학을 소원하고 있을까. 아니면 자신의 승진일까. 둘 다 이겠지. 사랑하는 사람과 짝을 이루게 해달라고 빌고 있는 것 같은 젊은 연인도 보인다. 그 모습이 참으로 아름답다. 그래서 젊음은 싱그럽고 어느 곳에서나 돋보이는가 보다. 천진난만해 보이는 어린 학생들도 자신의 성적이 상위권에 올라갈 수 있게 해달라고 비는 것만 같았다.

올해는 18대 대통령이 취임하는 새로운 원년이기도 하다. 우리나라 역사상 처음으로 여성 대통령에 취임하는 박근혜 당선인을 가리켜 불교계의 어느 큰 스님은 선덕여왕을 닮았다고 했다. 그 말씀처럼 덕을 베풀어서 모든 사람이 마음 놓고 살아갈 수 있는 새 시대를 열 것이다.

신선이 사는 곳

잠에서 막 깨어나는 산천은 고요하기만 하다. 암반 위를 도란거리며 흘러가는 물소리도 정겹다. 조심조심 발걸음을 옮긴다. 아니 그 정적에 압도되어 가만가만 걷는다는 표현이 더 어울릴 것 같다. 어둠이 완전히 걷히려면 조금 더 기다려야 할 것 같다. 부지런한 농부는 일을 해도 한참 했을 시간이지만, 단양 팔경 중 백미를 자랑하는 상선암은 아직도 깊은 잠에서 깨어나지 못하고 있다.

무슨 일을 계획하면 끝나기 전까지 마음을 놓지 못하는 조급한 성격은 내가 생각해도 지나치다 싶을 때가 있다. 오늘 여기 오는 일이 촌각을 다투는 일도 아니요. 큰 수익이 될 만한 일이 아닌데도 말이다.

지난해부터 도락산을 한번 다녀와야지 하면서도 실행에 옮기지 못하고 있다가 드디어 올해 그 기회가 왔다. 아침 여섯 시쯤 출발해서 이곳까지 오면 아홉 시, 등산하는데 다섯 시간 정도 예상하면 오후 두 시면 되겠구나 하고 생각했었는데 새벽 두 시에 잠이 깨어서 오질 않는다.

전 같았으면 잠이 오지 않아도 날이 샐 때까지 별수 없이 기다렸을 것이지만, 지금은 친절한 네비양이 있으니 길 찾는 것은 문제될 게 없었다. 아내는 내 성격을 잘 알기에 새벽에 출발하는 사람을 보면서도 붙잡거나 늦추려고 하지 않았다. 다만 조심해서 다녀오라는 말밖에는.

집을 떠날 때부터 안개가 자욱하게 몰려든다. 길조가 분명하다. 신선암봉에 걸려있는 운무, 이 얼마나 운치 있는 풍경이랴? 마음은 벌써 도락산 직전의 신선봉에 머문다.

도락산을 다녀온 것은 꽤 오래전의 일이다. 그동안 어떻게 변했나 보고 싶었다. 그때는 지금처럼 등산로가 잘 정비되지도 않았었다. 무척 고생했던 것 같다. 어느 산악회를 따라왔었는데 그 팀을 따라가느라 땀을 뻘뻘 흘렸던 기억도 새롭다. 뒤처지지 않으려고 안간힘을 썼다. 그렇게 기를 쓰고 따라 올라갔어도 별 뾰족한 수가 있을 리 없었다. 다만 일행에서 뒤떨어지지 않았다는 것밖에는. 이제 그런 일에서 벗어날 수 있다.

틀에 박힌 생활에서 자유인이 된 지 7년이나 되었다. 힘들여 오를 산도 없고 뒤처질까봐 전력을 다해 달리지 않아도 된다. 천천히 간다고 뭐라고 할 사람도 없으니 좋다. 그저 내 체력에 맞게 올라가면 된다. 언뜻 생각하면 모든 것을 내려놓은 것처럼 초연해 보일 수 있겠으나 아니다. 지금도 남보다 앞서 가고 싶고 뛰어나고 싶지만 그게 되지 않을 뿐이다.

도락산(道樂山)! 깨달음을 얻는 데는 나름대로 길(道)이 있어야 하고 거기에는 또한 즐거움(樂)이 뒤따라야 한다는 뜻으로 우암 송시열이 지었다고 하지만, 나에게는 그저 경치 좋은 산으로밖에 느껴지지 않으니 역시 범인(凡人)임이 틀림없다.

안개가 걷히고 우람한 노송들이 그 위용을 자랑한다. 머리 위의 해님도 그 밝은 얼굴을 드러내놓고 자랑한다. 가파른 철계단이 앞을 가로막는다. 전에 없었던 것으로 느껴진다. 너무 가팔라 숨을 몰아쉬게 한다. 땀이 비 오듯 쏟아진다. 스틱을 가지고 다니긴 했어도 신세를 지지 않았는데 이제 혼자 걷는 것보다 훨씬 수월하다. 혼자 하는 산행은 외롭다고 하지만 나는 오히려 더 편하다. 힘들면 쉬고, 경치 좋은 곳 있으면 앉아서 바라보고, 그러다 보니 자연 걸음이 더딜 수밖에 없다.

얼마를 올랐을까. 드디어 도락산에서 가장 전망이 좋은 신선봉에 도착했다. 신선봉은 커다란 마당바위에 가깝다. 이곳에 서면 고려의 마지막 왕인 공민왕이 이성계에게 쫓겨 평민으로 가장해 머물렀다는 궁터골이 눈 아래 가깝게 보인다. 하지만 아무런 감흥도 느껴지지 않았다.

오늘도 신선봉 그 웅덩이에는 물이 고여 있었다. 가뭄이 들어도 마르지 않는 신기한 바위 연못! 사방 1m쯤 되는 연못은 푸른 하늘을 담고 있을 것으로 생각했는데 실망이다. 웅덩이에 고여 있는 물은 온통 세상의 모든 오물을 뒤집어쓴 것처럼 탁하기만 하다. 가뭄 때 숫처녀가 이 연못의 물을 모두 퍼내면 금방 소나기가 쏟아진다는 신기한 전설도 간직하고 있다. 지금 그 전설을 믿고 어떤 처녀를 시켜 그 물을 모두 퍼내게 한 다음에도 비가 오지 않으면 그 처녀의 입장이 어떻게 될까 생각하니 웃음보가 터지려 한다.

그 탁한 물속에 신선들이 살고 있었다. 머리를 조심스레 내놓고 누가 문안 왔나 하고 살피는 것은 비단개구리였다. 그래 너 정도는 되어야 이 신선봉에 살 자격이 있지. 그런데 어떡하면 좋으냐? 신선들이 이 삼복(三伏)더위에 그늘 한 점 없는 이런 곳에 살아서, 가엾은 것 같으니 얼마나 더울까? 부러진 소나무 가지라도 있으면 그늘을 만들어 주려고 사방을 두리번거려도 보이지 않는다.

배낭에서 물병을 꺼내었다. 얼려서 온 것이라서 아직도 차갑다. 물을 웅덩이에 쏟아 부었다. 신선들이 좋아할 줄 알았는데 속세의 인간은 반갑지 않은 손님이라는 듯 모두 물속으로 몸을 감춘다. 배은망덕한 신선들 같으니, 아, 또 이 소인배의 속내를 드러내고 말았다.

파도에 실린 염원

어서 용왕제가 끝났으면 좋겠지만, 그것은 한낱 욕심이다. 아직도 욕심을 버리지 못하고 있으니 내가 생각해도 한심한 사람이다. 불심(佛心)이 돈독한 신자들은 심신을 가다듬고 기도에 열중하고 있는데 염치없는 이 사람은 용왕제가 빨리 끝나기만을 기다리고 있으니 저들이 보기에는 측은하기만 할 거다.

전에는 지금처럼 불심이 엷지 않았었다. 어머님을 따라 사찰에 가서 부처님께 기도를 올리기도 했고, 또 어머님께서 먹지 말라고 하는 음식은 입에 대지도 않았었다. 또 있다. 딸내미의 수능고사를 앞두고는 우리 부부가 직접 동학사 대웅전에서 높은 점수를 받게 해달라고 기원하기도 했었다. 어머님 돌아가시고 난 다음 얼마 동안은 사찰에 들르면 대웅전에 들어가 예를 올리곤 했었다. 어머님 생전 모습이 떠올라서다. 사는 게 너무 팍팍해서일까. 이제 그런 예까지 까마득하게 잊고 있으니 나 자신, 많이 반성하고 되돌아보아야 할 일이다.

용왕제 올리기 시작한 지 두 시간여 가까이 된 것 같은데 아직도 끝날 기미가 보이지 않는다. 친구와 나는 또 하릴없이 바닷가 백사장을 거닌다. 마스크를 하고 모자를 눌러썼어도 3월 초의 바닷바람은 차기만 하다.

"성불하십시오."

버스에 오르려는 순간 뜻밖의 인사를 받았다. 아마 모임의 회장이나 임원쯤으로 보였다. 어리둥절했다. 이런 격식 있는 인사는 해보지도 않았거니와 어떻게 응대해야 하는지도 몰랐다. 하는 수없이 앞사람 하는대로 합장하며 고개를 숙였다.

전혀 예상하지 않은 것은 아니었지만, 성지순례 행사에 쉽게 따라나선 것이 문제였다. 버스가 출발하면서부터 법문 독송하는 소리가 그리 유쾌하게 들리지 않았다. 휴게소에서 잠깐 쉬는 동안을 제외하곤 종일 그 소리를 들어야 했다. 불자들은 법사의 독송과 목탁소리를 따라 불경을 외우기도, 찬불가를 부르기도 한다. 대자대비하신 부처님을 접견이라도 한 것처럼 얼굴엔 평온이 가득하다. 나는 불편하기 짝이 없다. 지난밤 과음한 탓에 눈 좀 붙이고 싶은 마음 간절했으나 울려 퍼지는 찬불가와 법문 소리에 잠은 백 리 밖으로 달아나 버린다.

친구 부부는 전국에 있는 사찰을 모두 순례할 정도로 불심이 깊다. 가

보지 않은 사찰이 없을 정도이다. 텔레비전을 보다가도 낯선 사찰이 나오면 메모해 놓았다가 꼭 찾아가 볼 정도로 관심이 많다. 나는 구경 다닌 것이 명승지 위주였는데 그 친구는 명승지도 훤히 꿰고 있지만, 사찰에 대해서도 많은 것을 알고 있는 사람이다.

가입해 있는 불자(佛子) 모임에서 한 달에 한 번씩 성지를 찾아다닌다며 같이 가지 않겠느냐고 물었다. 나는 불자도 아니려니와 친구처럼 불심이 깊지 못하다. 망설이는 눈치가 보이자 성지 순례에 참석하는 사람 중엔 불심과 전혀 관계없는 사람도 많이 참석하니 괜찮단다. 절대 후회하지 않을 것이란 말에 귀가 솔깃해졌다.

친구는 성지 순례 다녀온 이야기를 많이 들려주었었다. 본인은 불심이 깊지 않아 신자들이 도량에 들어가서 기도 올리는 동안 주변을 산책하거나 관광을 즐긴다고도 했다. 이번 성지 순례 코스는 포항에 있는 보경사이며 용왕제까지 지낸다고 하기에 호기심에 따라나섰다.

보경사는 내연산에 자리한 대한불교조계종 불국사의 말사이다. 또 뒤로 이어진 십 리가 넘는 청하골 계곡에는 크고 작은 폭포와 기암절벽이 자리하고 있다. 산을 좋아하는 사람은 누구나 한 번쯤 가보고 싶어 하는 곳이다. 잘 되었다 싶었다. 이참에 내연산 등산도 하고, 또 용왕제 지내는 것도 구경하고 싶은 마음 간절했다. 기대가 크면 실망도 크다고 하더니, 처음부터 이 모임은 성지순례이지 그저 구경이나 다니는 것은 아니란 듯이 법문 외우는 소리가 계속 귓전을 어지럽혔다.

친구와 나는 보경사 주차장에 내리자마자 내연산으로 내달렸다. 우리에게 주어진 시간은 고작 두 시간, 아무리 빨리 걸어도 내연산 정상까지 갔다 오기는 어려운 일, 한 시간 올라갔다가 한 시간 내려오자며 부리나케 올라가는데 친구 핸드폰이 요란하게 울린다. 열두 시까지 내려와야 점심공양을 할 수 있으며 다음 일정에 차질이 없겠단다.

울진 어느 해수욕장에 내린 일행들이 용왕제를 지내기 위해 분주하다. 친구와 나는 관심을 두고 그 모습을 지켜보았다. 정성으로 차린 제사상 앞에 예를 올리는 사람, 불전을 놓는 사람도 있다. 나도 뒤에서 합장하고 고개를 숙였다. 취업난에 고민하는 딸내미가 빨리 취업할 수 있게 해달라고 빌었다. 불전도 드리지 않았으니 염치없는 짓이다. 주위를 돌아보니 한결같이 기원하는 모습이 진지하다. 저분들은 무엇을 그리 간절하게 소망하고 있을까? 아마도 자신보다는 가족의 건강과 안녕을 빌고 있을 것만 같았다.

소망을 모두 들어주신다는 확답을 받기 전에는 기도를 그칠 수 없다는 듯 불자들의 기원은 계속되고 있었다. 법사의 청아한 독송과 불자들의 염원은 동해의 푸른 파도에 실려 자꾸 용왕님 전으로 달려가고 있었다.

하산주(下山酒)

그 맛을 잊을 수가 없다. 평소에 먹는 술맛이 그렇게 좋았다면 아마 술독에 빠져 살았을 게다. 그 날 산에서 내려오자 술을 마시고 있던 일행 중 한 명이 술 한 잔 하라고 했다. 애주가는 아니어도 술을 자주 먹는 편이다. 목도 컬컬하던 참이었다. 한 마디로 술이 달았다. 화학주가 달다고 하면 전혀 사리에 맞지 않는다고 할지 모르지만, 그 날 내 혀에 느껴진 맛은 달콤함을 넘어 혀에 착착 감기는 맛이었다.

산에서 땀을 많이 흘렸기에 몸에 있는 수분이 상당량 빠져나간 상태다. 이때는 물도 그렇지만 술을 마시면 인체에 급속도로 흡수가 된다. 등산을 하고 술을 먹으면 지쳐 있는 심장을 더욱 힘들게 하고, 유해물질이 몸에 쌓이게 되어 등산 효과를 반감시킨다고 한다. 아무리 그래도 하산주에 대한 유혹은 뿌리치기 힘들었다.

산행 종료 예정 시간보다 40여 분 일찍 산행을 마쳤다. 뒤처지면 여러 사람에게 피해를 줄 것 같아 쉬지 않고 내려온 덕분인가 보다. 내 딴에는 일찍 왔다고 했는데 이미 절반 정도의 사람은 내려와 있었다. 그래도 예정 시간보다 일찍 왔다는 것이 자부심을 느끼게 한다.

이 산악회에서는 산행을 마친 사람들을 위해 간단한 안주와 술을 준비해놓고 있다. 무사히 산에 다녀온 것을 축하한다는 의미의 하산주(下山酒)인 셈이다. 안내자나 산악대장이 일일이 권하는 게 아니라 누구나 원하는 사람은 자유롭게 마실 수 있다. 야외용 자리를 펼쳐놓고 이미 몇 사람이 둘러앉아 하산주를 즐기고 있다.

감기에 걸려 병원에 갔을 때였다. 흔히 듣는 말은 술 먹지 마라. 담배 피우지 마라 등이다. 담배는 아예 배우지를 않았으니 상관없는 일이고, 술은 조금씩 먹고 있다. 기분 좋아서 한 잔, 속상해서 한 잔, 술은 기쁠 때나 즐거울 때나 항상 우리와 같이 해오고 있는 식품이다. 오늘같은 날도 의사에게 술 먹어도 되느냐고 물었다면 그 대답은 들으나마나 "안 됩니다."였을 것이다.

파로호와 의암호를 끼고 있는 878m의 그리 높지 않은, 강원도 춘천시에 있는 용화산! 한국의 명산에서 찾아보니 인기 순위에는 올라있지 않았다. 알려지지 않은 만큼 고즈넉할 줄 알았는데 아니었다. 전국에서 관광차들이 속속 들어와 혼잡스러웠다.

전에는 가고 싶은 곳이 있으면 겁 없이 혼자서도 차를 운전하고 달려갔었지만, 이제는 망설여진다. 치솟는 기름 값이 부담스럽기도 하고 장

시간 운전 하는 게 힘들어서다. 산악회를 따라다니면 그런저런 걱정하지 않아도 된다. 차를 운전하고 가면 원점으로 돌아오는 산행을 해야 하지만, 산을 하나 완전히 넘어 다른 곳으로 이동할 수 있는 편리함이 있어서 좋다.

버스 의자에 앉아있으려니 목이 더욱 말라온다. 물을 마셔도 갈증은 가라앉지 않는다. 아마 원하는 것이 따로 있나 보다. 눈은 술을 마시는 사람들에게로 달려가고…. 좀처럼 용기가 나질 않는다. 차라리 돈을 받고 파는 것이라면 떳떳하게 다가가겠는데 오라는 사람도 없고 그렇다고 누가 알뜰히 챙겨주는 사람도 없으니 군침만 삼킬 뿐이다.

나는 참으로 사교성이 없는 사람이다. 자주는 아니지만 이 산악회를 몇 번 따라다녔다. 산악대장이나 안내자는 알고 있지만, 그 외의 회원들은 잘 모른다. 얼굴은 기억하고 있어도 말을 건넨다든가, 인사를 하고 지내지 않았으니 모르는 사이나 마찬가지다. 어떤 사람은 처음 나와서도 사근사근 인사도 잘하고 잘 사귀는데 나는 어찌 생겼는지 통 그런 짓을 못하니 한심스럽다.

이렇게 혼자 오는 산행은 점심 먹을 때가 제일 곤란하다. 일행이 있는 사람들은 삼삼오오 둘러앉아 싸 온 음식을 나누어 먹는데, 그 광경이 무척 정겨워 보이고 부럽다. 나는 오늘도 점심을 먹으려고 사람들과 멀리 떨어진 곳에 자리를 잡았다. 간혹 나처럼 혼자 앉아서 밥 먹는 사람들을 볼 수 있는데 무척 쓸쓸해 보인다. 정작 본인은 아무렇지도 않은데 남들에게는 그렇게 보이나 보다.

오늘도 내 점심은 김밥 두 줄이었다. 혼자 다니는 것도 미안한데 첫 새벽에 밥을 해서 싸달라고 하기가 내키지 않았다. 전에는 김밥을 사러 간다고 하면 점심을 싸주겠다고 나서더니, 이제는 차라리 그 편이 낫겠다며 반응을 보이지 않는다. 밥을 싸가지고 오려면 여러 가지 반찬을 챙겨야 하니 번거롭다. 이제는 밥을 싸준다고 해도 내가 싫다고 한다.

버스에서 내려가니 자리에는 남자 둘이서 술을 마시고 있다. 주변을 서성이는 내 모습이 그들 눈에 보였나 보다. "이리 오세요. 혼자 오셨나 보죠. 우리도 혼자 왔습니다." 나보다 젊어 보였는데 서글서글하고 붙임성도 좋았다. 왜 나는 저런 사람들처럼 붙임성이 없을까. 이제라도 내가 먼저 다가가는 그런 마음이 생기면 얼마나 좋을까.

돌아오는 차 속에서 피곤한 몸을 기대자 이내 용화산의 암릉이 베개가 되어주고 곱게 물든 단풍이 오색 이불을 덮어주어 달콤한 꿈나라에 빠져들 수 있었다.

무임승차

전에는 승용차가 없어도 느긋하게 생활할 수 있었고 지금처럼 바쁘지도 않았었다. 퇴근 후에 동료와 안주 없는 술이나마 한 잔 마시고 시내버스를 타고 귀가해도 시간에 쫓기거나 불편을 느끼지 않았으니 말이다.

지금은 사정이 많이 달라졌다. 주로 승용차를 타고 다니니 '퇴근 후에 소주 한 잔'은 쉬 꺼낼 수 있는 말도 아니다. 설사 음주운전을 단속하지 않는다 해도 술을 먹고 운전할 수는 없다. 모임이 있는 날은 아예 대중교통을 이용해서 출근하는데 시내버스 기다리는 시간이 여간 지루한 것이 아니다. 5분, 10분이 지나가면 짜증이 나고 그러다가 택시를 타게 된다. 그러면서도 '언제부터 내가 이렇게 시간을 금쪽 같이 아꼈나?' 하는 생각도 해보지만, 그 생각은 잠시 스쳐 지나가고 만다.

어느 날, 모임에서 술을 몇 잔 마시고 나와서 시내버스를 탔다. 당연히 있을 것으로 생각하고 안주머니에 손을 넣는 순간 허전한 것이 아무것도 집히지 않았다. 가방에도 없었다. 이럴 수가! 생각은 사무실에 있는 책상으로 줄달음쳤다. 주머니에 넣으면 불룩해지고 보기 싫어 외출하지 않을 때는 흔히 지갑을 서랍에 넣어두는 것이 나의 습관이다. 그날도 어느 친구의 전화번호를 찾고서 지갑을 서랍에 넣어둔 채로 퇴근하였으니 보통 낭패가 아니었다.

술을 먹지 않았다면 모를까. 술까지 마시고 시내버스 요금도 없이 차를 탄 승객을 운전사는 과연 어떻게 생각할까. 입에서 술 냄새는 확확 풍기고 얼굴은 잘 익은 홍시처럼 발갛게 달아올랐을 내 모습에 차가 출발하지 않았다면 다시 내리고 싶은 심정이었다. 엉거주춤 빈자리를 찾아 가방을 놓고 운전석으로 다가갔다.

“저 기사님 지갑을 책상 서랍에 놓고 그냥 나오는 바람에…”

뒷말이 이어지지 않았다. 아니 ‘사람이 얼마나 유념성이 없으면 시내버스 요금 천백 오십 원이 없어서 저럴까?’ 하며 모든 승객이 나를 쳐다보는 것만 같아 얼굴이 더욱 달아올랐다. 운전사는 내 얼굴을 한번 쳐다보더니 고개를 끄덕이는 것이 아닌가.

운전사의 표정으로 봐서 내가 거짓말을 하는 것으로 보이지는 않았나 보다. “죄송합니다.” 마치 죄인처럼 머리를 조아리자 운전사는 씩 웃으며 대수롭지 않은 듯 운전만 계속한다. 우리 동네에 이르러 내가 가방을 들고 일어나자 운전사는 자기 주머니에서 돈을 꺼내어 요금통에다 넣고 있었다.

내리면서 '다음에 꼭 갚아드리겠다'고 약속을 한 것까지는 좋았는데 그만 차 번호를 깜빡 잊고 말았다.

이튿날 아침 어제 저녁 언제 그런 일이 있었느냐는 듯, 낡은 내 애마를 타고 출근했다. 인간은 망각의 동물이라고 하더니 내가 그랬다. 하긴 모든 것을 다 기억하다가는 세상살이가 그만큼 피곤할 것이다. 좋은 것만 기억하고 나쁜 일은 되도록 빨리 잊어버리는 것도 현명한 방법이라고 한다. 우리 속담에 '화장실 갈 때 마음하고, 나올 때의 마음이 다르다'라는 말이 있는데 내가 그 꼴이었다. 일부러 잊은 것은 아니지만, 그 꼭 갚아드리겠다고 한 약속을 까마득히 잊고 지냈다.

하루는 퇴근 무렵에 갑자기 고향 친구가 만나자고 하는 바람에 차를 직장 주차장에 그냥 두고 나가서 고향 이야기를 주고받으며 마음이 흐뭇하도록 술을 마셨다. 차를 운전하고 못 갈 정도는 아니겠으나 음주운전은 마음이 내키지 않았다.

'버스가 금방 오면 타고, 그렇지 않으면 택시를 타야지' 하고 시내버스 정류장에 서 있다가 마침 시내버스가 오기에 탔는데 지난번 술 먹고 탔을 적에 요금을 대신 내준 그 운전사였다. 이번에는 자신이 있었다. '안녕하십니까. 먼젓번은 정말 고마웠습니다.' 나는 속으로 오늘은 전날 진 빚을 갚을 수 있겠구나 하고 지갑을 꺼냈다. 잔돈이 있는 줄 알았는데 보이는 것은 후줄근한 만 원권 몇 장, 난감하기는 지난번보다 더했다. 세상에 누가 시내버스 요금을 만 원권으로 낸단 말인가.

교통카드 대신 현금 내는 사람을 위해 동전을 준비해놓고 거슬러주고 있긴 하지만 천백 오십 원의 요금에 만 원짜리를 낸다는 것은 눈총을 받고도 남을 일이다. 그러나 지난번의 일도 있고 해서 돈을 꺼내 들고 '이것으로 지난번 요금까지 계산하면 안 되겠습니까?'하며 지폐를 요금통에 넣으려 했더니 운전사가 얼른 요금통 입구를 손으로 막으며 "다음에 내십시오." 한다. 상습적으로 무임승차를 한 꼴이 되고 말았다.

내 마음이 어찌 그리 간사할 수가 있을까. 조금 전 그 돈을 다 내어도 아까울 것 같지 않더니 운전사의 말을 듣는 순간 기다리고 있기라도 한 듯 이천 삼백 원 때문에 만원을 내기에는 아깝다는 생각이 들었다. 만원권 지폐는 다시 내 지갑으로 들어가고 말았다.

언제 기회가 있으면 버스요금의 몇 곱절로 갚아야지 하면서도 작심삼일이 되지 않을까 걱정이다. 지금껏 내가 빚지고 신세 진 사람이 비단 버스 기사 한 사람뿐이겠는가. 모두에게 진 마음의 빚을 갚고 싶다.

철들었네

마이크를 잡고 있는 여인의 모습이 정갈하다. 품위도 있어 보인다. 검은색과 은색이 적당하게 섞인 머리카락, 일부러 염색한 것 같지는 않고 자연스럽다. 달리는 버스 안에서의 진행도 매끄럽다.

목소리에도 힘이 느껴지고 자신이 있어 보인다. 여자나 남자나 인물이 조금 못해도 머리숱이 많으면 부족한 부분을 보완해줄 수 있어 여간 다행한 게 아니지만, 나에게는 어찌하여 그런 혜택을 주지 않았는지 못내 불만이다.

거울에 비친 듬성듬성한 내 흰 머리카락은 사흘에 피죽 한 그릇도 못 먹은 것처럼 힘이라곤 하나도 없다. 굵기라도 했으면 얼마나 좋을까만, 불면 금방이라도 날아갈 것처럼 야리야리하다. 지금은 아니지만, 머리숱 때문에 고민을 많이 한 때가 있었다. 발모에 좋다는 약을 많이 구해 써

보았지만, 밑 빠진 독에 물 붓기나 다름없었다.

어쩌다 정장을 할 일이 생기면 곤란한 게 한둘이 아니다. 입성은 신사 같이 보이겠지만, 머리 모양은 뜯어먹다 둔 북어 대가리 같다는 생각도 든다. 항상 모자를 쓰고 다녔기에 모자 테두리에 눌린 자리가 쉬 펴지지 않아서 머리를 다시 감아야 하는 때도 있다. 이 옷 저 옷 만지다가 그냥 점퍼에 모자를 쓰고 나선다. 경사스러운 자리에는 정장하고 가서 축하해 주어야 하지만, 그러지 못하는 내 마음도 편치 못하기는 마찬가지다.

젊어서는 남부럽잖은 머리숱이었지만 어찌 된 영문인지 자고 나면 빠지는 데에야 당해낼 재간이 없었다. 형님이나 동생은 머리숱이 많은 편이고 지금도 변함이 없지만 나만 유독 머리숱이 빠진 이유를 모르겠다.

한때 친구들은 나를 놀리느라 전대협(전국 대머리협의회)의장에 출마해보라고 한 적도 있지만, 그 정도로 심하지는 않다. 어느 연예인은 권력가 아무개의 대머리를 닮았다는 이유로 한동안 매스컴에 출연하지 못한 일도 있고, 누구는 머리 심는 데 적잖은 돈이 들어갔다는 말도 심심찮게 들려오고 있다. 모든 게 대머리가 낳은 비극 아닌 촌극이라고 볼 수밖에 없다.

하지만 대머리가 생활에 불편을 준다거나 나쁜 것은 아니다. 청천하늘에서 비 오는 것도 대머리가 제일 먼저 알고, 매서운 찬바람에 제일 민감하게 반응하는 부분도 대머리이다. 하지만, 머리숱 적다고 이발요금 적게 받는 일은 없으니 그저 그러려니 하며 지낸다.

한때는 가발을 쓰고 다닐까도 생각해봤지만, 굳이 그렇게까지 할 필요가 있을까 하는 생각에 그만두었다. 못생긴 얼굴에 가발 뒤집어씌운다고 미남이 될 리 없다는 생각에서다.

직장에서 퇴직한 지 10여 년이 지났다. 남들은 그동안 열심히 일했으니 이제 좀 편히 쉬라고 하지만, 나에게 일이 없다는 것은 곧 사지(四肢)가 묶이는 것이나 다름없이 생각되어 끊임없이 일을 찾아다녔다.

어떤 이는 나이보다 덜 들어 보인다고 하는데 그게 다 모자를 쓴 덕분일 거다. 모자 벗은 내 머리를 보면 역시 나이는 못 속이는구나. 하며 고개를 끄덕일 거다.

지난해 12월 옛 직장 상사가 빌딩 관리소장 자리가 났는데 한번 해보지 않겠느냐고 했다. 직장에 컴퓨터가 보급될 때 어렵게 배워 업무에 응용하는 것을 상사는 기억하고 있었나보다. 엑셀도 간단한 예산 같은 것은 다루었으니 수도·전기 검침하고 고지서 내보는 것은 조금만 노력하면 할 수 있을 것 같아서 추천한다는 거였다. 하지만 나이가 문제였다. 더구나 염색하지 않은 하얀 머리털이 듬성듬성 박힌 노인(?)을 상가 번영회 임원들이 반길 리 없다는 생각이 지배적이었다.

어렵게 찾아온 행운(일)을 놓치고 싶지는 않았다. 어떻게 한다? 우선 머리 염색부터 하고, 양복을 말끔하게 입고 구두도 광을 내고, 아니면 지금처럼 모자를 깊숙이 눌러쓰고 걸음걸이도 젊은이들처럼 빠르고 당당하게 걷고….

옛 상사와 함께 빌딩 관리사무소에 인사하러 가기로 한 날이었다. 면접을 보는 거나 같은 격이었다고 하면 맞을 것 같다. 전날 목욕탕에 가서 염색했다. 아내가 양복을 꺼내놓고 내 눈치를 살핀다. 언제 입어봤는지 기억이 가물가물하다.

이 나이에 이렇게까지 가식을 떨어야 하나 하는 생각이 왈칵 밀려왔다. 자신의 참모습 그대로가 아닌 꾸민 모습을 보여주어야 하나? 하는 강한 의문까지 들었다. 내놓았던 양복을 다시 옷장에 걸어놓고 평소 습관 그대로 겨울 바지에 점퍼를 입고 모자를 썼다.

지금까지 자랑스러운 삶은 아니었어도 열심히 살아왔다고 자부한다. 그러니 앞으로도 가식 없이 당당하게 살아야겠다는 생각에 모자를 벗어 못에 걸었다. 그리고 거울을 들여다보니 온화하게 생긴, 중년이 한참 지난 사내가 나를 향해 씩 웃으며 다음과 같이 말하는 것 같았다.

"이제 철들었네!"

3

뚜쟁이

- 축의금 소동
- 이웃사촌
- 전통시장
- 깨우지 마세요
- 후덕한 여인
- 뚜쟁이
- 빈 집
- 묻지 마
- 어떤 졸업

축의금 소동

60년 만에 돌아온 흑룡의 해라고 해서 임산부들은 기대가 크다. '흑룡의 해에 결혼하면 잘 산다.' '흑룡의 해에 아기를 낳으면 좋다.' 등 소문도 분분하다. 그래서일까. 꽃피는 춘삼월을 앞두고 선남선녀의 새 출발을 알리는 결혼식 초대장이 심심찮게 날아온다.

꼭 흑룡의 해가 아니어도 백년가약을 맺는 자리에 초대받는 일은 영광이다. 새 보금자리를 꾸미는 젊은이들의 성스러운 모습을 지켜봐 주고 축복해 주어야 할 일이지만 겹치는 행사 때문에 참석하지 못할 때도 생긴다. 그럴 때에는 축하하는 마음으로 성의 표시라도 하면 미안한 마음이 조금은 가벼워지기도 한다.

지난해 연말쯤으로 기억된다. 어느 지인 아들 결혼식 날이 공교롭게도 친척 집 혼사와 겹치는 날이었다. 아내와 둘이 나누어서 가도 되겠지만,

친척 집 큰일에는 그럴 처지가 아니었다. 하는 수 없이 지인 아들 결혼식에는 축의금만 보내기로 마음을 굳혔다.

전에도 축의금을 보낼 때는 여기저기 전화를 해서 가는 사람이 있으면 그편에 보내곤 했다. 가는 편이 마땅치 않으면 우체국에 가서 예쁜 카드와 함께 전신환으로 보내기도 하지만, 수수료도 나가고 좀 번거롭다. 게으름을 피우다 우체국 갈 시간마저 놓치고 나면 혼주에게 전화를 걸어 사정을 이야기하고 양해를 구한다. 얼마 안 되지만 축의금을 보내고자 하니 통장번호를 알려달라고 하기도 하지만 여간 쑥스러운 게 아니다.

이번에 아들 결혼시키는 지인은 개혼(開婚)이었다. 가서 축하해주어야 도리이지만, 사정이 그렇질 못했다. 하는 수 없이 그 결혼식에 갈만한 친구에게 전화를 걸었다. 친구는 그날 일을 예측할 수 없다며 가지 못한다면 다른 방법을 통해서라도 전해 주겠다고 했다. 무척 고마웠다. 쉬 만날 일이 없을 것 같기에 통장번호를 불러달라고 해서 통장으로 입금까지 시켰다. 결혼식까지는 3~4일 정도 남았으니 입금된 돈 찾아서 전달해줄 시간이 충분할 것 같았다.

전에도 그랬지만 요즈음은 집안에 크고 작은 일 치르고 난 다음에 다녀간 사람이나 부조금 보내온 사람에게 고마운 마음을 담은 서신을 보내는 게 관행이자 예의이다. 물론 가까운 친지나 이웃들에게는 보내지 않을 수도 있다.

까마득하게 잊고 있었다. 그러다 모임을 앞두고 그 지인을 만나면 미안하다는 인사를 해야겠다는 생각이 떠올랐다. 그런데 생각해보니 좀 이상했다. 큰일 넘어간 지가 달포가 지난 것 같은데 아직 인사말을 안 보낼 지인이 아니었다. 흉허물 없이 지내는 사이니까 그럴 수 있겠다는 생각이 들면서도 평소 지인의 성품으로 봐서 그럴 것 같진 않았다.

그렇다고 축의금을 대신 전달해달라고 부탁한 친구에게 제대로 전달이 되었느냐고 물어본다는 것은 더더욱 어려운 일이었다. 아무리 생각해보아도 혼란스럽기는 마찬가지였다. 내 부탁받은 친구가 잊어버리고 전달하지 못했거나 접수가 되지 않았거나 둘 중 하나였다.

친밀한 사이가 아니면 그리하지 못했을 거다. 용기를 내어 아들 결혼식을 치른 지인에게 전화를 걸었다. 먼저 축하해주러 가지 못해 미안하다는 말부터 했다. 한데 지인의 대답은 정신이 없어서 누가 오고 갔는지도 기억나지 않는다고 했다. 다른 이야기를 한참 하다가 내가 그날은 피치 못할 사정이 있어서 가지는 못했지만 참석하는 사람 편에 적은 성의나마 보였는데 접수가 되었는지 확인해보라고 했다. 지인은 잠시 생각하는 듯하더니 내 이름은 기억이 없는 것 같다며 확인해보겠단다. 얼굴이 화끈 달아올랐다.

지인은 우리 집 큰일에 꼭 다녀갔으며 그때마다 부조금 챙기는 것도 잊지 않았는데 내가 그냥 넘어간다면 말이 안 되는 거다. 그리 생각은 하지 않겠지만, 부조금 떼어먹는 사람쯤으로 비칠 수도 있겠다는 생각이 들었다.

지인도 이상하게 생각했는지 전화를 걸어왔다. 축의금 접수대장에 내 이름은 없어도 그렇게 생각해주는 마음이 고맙단다. 축의금 받은 거나 진배없으니 마음 쓰지 말라며 나를 위로한다. 정말 미안했다. 쥐구멍이라도 있으면 들어가고 싶었다. 결혼식 지나간 지도 한 달이 넘었는데 지금 축의금을 보내기도 좀 그랬다. 그렇다고 그냥 있을 수도 없는 일이었다.

생각다 못해 축의금 전달해주기로 한 친구에게 전화를 걸었다. 일상 안부 끝에 그때 축의금 전달해 주어서 고마웠다며 통장에 입금시켰으니 확인해 보라고 했다. 친구의 대답은 바로 전달했을 것이라며 자신도 그날 참석할 수 없어서 다른 사람에게 부탁했단다. 확신이 서지 않는 대답이다. 그렇다고 재차 확인할 수도 없는 일이었다.

며칠 후 아들 결혼식을 치른 지인에게서 전화가 왔다. 모모님이 내가 축의금 부탁한 것 깜빡 잊고 있었다며 통장 번호 묻기에 알려주었다고….

오늘따라 날씨도 화창하다. 오색풍선으로 치장한 승용차가 천천히 내 앞을 지나간다. 신혼부부를 태웠음이리라. 저 부부뿐 아니라 백년가약을 맺은 모든 신혼부부가 흑룡처럼 용맹하고 지혜로운, 우리나라를 짊어질 동량들을 낳아주었으면 좋겠다.

이웃사촌

화산 폭발하는 모습이 이러할까. 슬레이트 지붕을 받치고 있던 지지대를 철거하자 켜켜이 쌓인 먼지가 한꺼번에 용솟음친다. 멀리서 이 모습을 보았다면 집에 불이 났거나 보일러 고장으로 터진 배관 사이에서 나오는 수증기쯤으로 생각했을 수 있다. 사람이 그리 많이 다니지 않는 한적한 오후 시간이어서 다행이지, 아니었다면 큰 원성을 사고도 남을 일이었다. 보는 사람도 없고 뭐라 하는 사람도 없지만 조용한 주택가에 30년 넘게 쌓인 먼지를 털어놓는 마음은 미안하기만 했다.

집수리 시작한 지 한 달이 넘었다. 지은 지 30년이 넘은 주택이어서 겨울에는 여간 불편한 게 아니다. 도시가스를 쓰긴 해도 몸을 웅크리고 지내는 것은 마찬가지다. 겨울철 연료비를 아껴보겠다고 보일러를 2시간 간격으로 돌아가게 해놓고 잠을 자면 실내온도가 10도 가까이 떨어지는 때도 허다하다. 하루는 어떻게 생긴 집이기에 이렇게 춥게 지내게 하나 하는 생각으로 보일러 스위치를 운전에 놓고 하루를 지내본 적이 있었다. 그렇게 종일 가동해도 방 안 온도는 18도를 넘어가지 못했다. 그러니 우리 집은 정부가 권장하는 겨울철 적정 난방온도를 철저히 지키는 셈이다.

불편한 것은 난방뿐 아니다. 자연 여름에는 더위가 기승을 브린다. 이에 질세라 수도도 가끔가다 얼어 터지거나 물이 질질거려 남의 애를 태운다. 또 있다. 문지방이 썩어서 개미들의 천국이 따로 없다. 특히 딸내미 방이 더하다. 자다가도 딸내미 비명이 들리면 달려가 봐야 한다. 어느 때는 살이 통통하게 찐 바퀴벌레가 기어가는가 하면, 잔 개미 몇 마리 기어가는 것을 보고도 호들갑을 떨어댄다. 너는 다 컸으면서 저런 개미 한 마리 때문에 그 난리냐고 하면 빨리 아파트로 이사 가자는 말로 끝을 맺는다.

시골에 살다가 지금의 집을 사서 이사 나올 때는 억만장자가 부럽지 않았다. 남의 집을 전전하다 내 집 장만했다는 뿌듯함과 지금껏 고생한 보람도 함께 밀려왔다. 모아놓은 돈 가지고는 집값이 턱없이 모자라 은행 대출받고, 전세까지 놓으면서 어렵사리 장만한 집이다. 그 대출금 갚느라 적잖은 세월 동안 허리띠를 졸라매기도 했다. 집을 살 때만 해도 확 트인 시야, 앞 창문을 열면 화단에 피어나는 야생화가 반기고, 금천 뜰에 자라는 싱싱한 벼 포기를 볼 수 있었다. 또 푸른 들판에서 불어오는 청량한 바람은 선풍기를 틀지 않고도 여름을 시원하게 보낼 수 있었다. 그런데 이제는 아니다. 앞도, 옆도 막히고, 만삭의 몸 부끄러워하던 벼 이삭도 찾아볼 수 없다. 다만 높고 촘촘한 아파트가 군락을 이루고 있을 뿐이다.

아내는 집을 팔고 아파트로 이사 가자고 졸랐다. 나는 지금도 마찬가지지만 아파트 생활은 편리하기는 한데 갑갑할 것 같다. 단독주택은 문만 열면 화단에 자라는 싱싱한 꽃들을 감상할 수 있고 시원한 바람을 느낄 수 있는데, 사방이 벽으로 둘러싸인 아파트는 흙냄새조차 느끼지 못하게 할 것 같아 싫었다.

당시 아내 말을 따랐다면, 웬만한 아파트 두 채와 바꾸고도 돈이 남았지 싶다. 그런데 이제는 아니다. 상전이 벽해가 된 꼴이다. 이 집 팔아서 쓸만한 아파트는 살 수가 없다니 그저 씁쓸할 뿐이다. 하지만 후회는 않는다. 성격상 아파트 생활에 적응하기 어렵다는 나의 단점을 알기 때문이다.

이제는 아내도 아파트로 이사 가자는 소리는 하지 않는다. 기왕에 오래 살 집이라면 겨울에 춥지 않게, 좀 편리하게 살 수 있게만 해달란다. 그래서 시작한 집수리가 이렇게 커질 줄은 생각 못했다. 처음에는 난방이나 고쳐서 겨울에 따뜻하게 지낼 수만 있으면 하고 시작한 수리였다.

난방을 손보려고 하니 수도가 걸리었다. 그러잖아도 낡은 배관이 가끔 속을 썩였었는데 이참에 걷어내고 다시 깔아야 할 것 같았다. 난방이 잘 되게 하기 위해서는 벽에 스티로폼을 넣어야 한단다. 그러려면 바닥을 들어내야 하니 개미가 득시글거리는 문지방도 갈아야 하고, 그러면 자연 문짝도 바꾸어야 한단다. 기왕 손대는 김에 완벽하게는 아니어도 어느 정도 수리 내지, 보완이 필요해 보였다. 부엌에 있는 싱크대도 낡고 협소하다며 바꾼다고 하기에 그러자고 했다.

집수리 시작하고 후회도 많이 했다. 내가 보기에는 멀쩡한 문짝이나 창문을 뜯어 부숴버리니 무척 아깝다는 생각이 들었다. 또 방을 모두 뜯었으니 기거할 곳이 없었다. 딸내미는 친구와 같이 지내고 싶다고 하기에 그리 보냈다. 우리는 마침 앞집에 쓰지 않는 방이 한 칸 있어서 당분간 그곳에서 기거하기로 했다. 꼭 필요한 물건만 옮겨놓고 생활하려니 여간 불편한 게 아니었다.

집수리가 어느 정도 마무리되자 이번에는 사랑방 통로에 비 가림으로 설치한 슬레이트 지붕을 걷어내자고 부추긴다. 슬레이트에는 석면이 많이 들어있어서 몸에 해롭다는 것은 알고 있었지만, 개인이 폐기하기에는 절차도 복잡하고 그 비용도 만만찮다는 사실은 처음 알았다. 업자들은 교묘했다. 처음부터 일을 크게 벌이면 하지 않을 것을 염두에 둔 것 같았다. 한 가지씩 수리해야 하는 이유를 설명하는 데에는 귀가 솔깃해졌고 또 새것 옆에 우중충한 게 버티고 있으면 보기도 싫었다. 돈 들여서 보기 좋지 않은 게 어디 있겠는가. 지나가던 이웃들이 들여다보고 잘 되었다고 하니 기분은 좋다.

멀리 있는 친척보다 가까이 있는 이웃이 더 낫다는 말이 있다. 집수리 하면서 이웃의 도움을 많이 받았다. 소음과 먼지가 진동해도 말 한 마디 않는 이웃, 페인트가 남았다고 가져다주는 이웃, 한 달 가까이 방을 빌려주고도 방세를 거절하는 이웃, 나는 이런 이웃이 있어 행복하다.

전통시장

요즘 어디를 가든 장사가 안 된다고 야단들이다. 전통시장은 더욱 그렇다. 전통시장은 춥고 불편하다. 손에 주저리주저리 물건을 들고 다니면서 구매해야 한다. 또 대형할인점보다 진열해 놓은 물건도 볼품이 적다.

나는 설 명절 전 아내에게 제사용품을 육거리 전통시장에 가서 사면 더 싸다고 했다. 아내는 망설이는 눈치더니 마지못해 그곳에 가서 제사용품을 사온 것 같다. 우리 한 사람이 전통시장을 이용한다고 해서 얼마나 도움이 되겠는가만 그렇게라도 하면 마음이 편할 것 같았다.

대형할인점에 가면 실내이니 우선 따뜻하다. 쇼핑카를 끌고 다니면서 필요한 물건을 넣으면 들고 다니는 것보다 훨씬 편하다. 물건도 깔끔하게 다듬어서 진열해 놓은 것이니 집에 돌아와서 지저분하게 손질할 필요도 거의 없다. 다만 조금 비싸다는 게 흠이라고 할 수 있지만 요즘 젊은 이들은 돈 몇 푼 때문에 불편을 감수하지 않는다. 가격보다는 우선 보기 좋고 편리하면 그만이니 그것만으로도 높은 점수를 받을 수 있는 곳이다.

하지만 하나만 알고 둘은 모르는 계산법이다. 대형할인점에는 정이란 게 없다. 가격도 깎아주지 않는다. 가격표에 적힌 금액 그대로 다 주어야 한다. 덤이라는 것도 없다. 그곳에서 물건 판매하는 사람들은 주인 아닌 종업원이니 마음대로 깎아 줄 수도, 덤으로 한 개 더 줄 수도 없는 형편이다. 다만 연세 드신 분들이 깎아 달라거나 덤을 달라고 하면 마음만 괴로워할 뿐이다.

조금 불편하긴 해도 전통시장에 가면 가슴으로 흐르는 정을 느낄 수 있다. 길거리에 파 한 단, 콩나물 한 시루, 마늘 한 무더기를 놓고 앉아 있는 어르신들, 북풍한설을 막아내려 겹겹이 두른 목도리 속에 살짝 드러난 깊게 파인 주름살, 꾹 눌러쓴 방한모 밑에 삐쭉이 고개 내민 듬성듬성한 백발, 겹겹이 입은 옷차림 속에 녹아있는 따뜻한 정을 말이다.

전통시장에서 물건 파는 분들을 보면 대게 연세가 지긋하다. 나는 그 분들을 보면서 딱하다는 연민의 정을 느낀 일이 있는데 잘못 생각하는 것이란다. 추위에 떨며 그 고생을 하지 않아도 될 분들이 많다는 게다. 집에서 손자 손녀의 재롱을 받으며 편하게 여생을 보내도 될 분들이란다. 그렇게 벌어서 자식들 대학교육까지 하였고, 젊어서부터 근검절약 정신이 몸에 밴 분들이니 몸을 가꿀 줄도 좋은 옷을 입고 놀러 다니는 것도 달가워하지 않는 분들이란다. 물론 사정이 어려워 노점상을 하는 예도 있겠으나 그리 많지는 않으리라.

입춘도 지나고 새해가 시작되었으니 이제 동장군이 물러갈 만도 한데 여전히 매서운 칼날을 휘두르고 있다. 서민들의 삶이 지치고 팍팍할 때 날씨라도 도와주면 얼마나 좋을까만, 도와주기는커녕 추위까지 한 몫 더 하고 있으니 어렵기만 하다. 날씨가 어서 풀렸으면 좋겠다. 서민들이 어깨를 펴고 살아갈 수 있게 말이다. 하지만 꽁꽁 얼어붙은 경제는 나아질 줄을 모른다.

얼마 전에 육거리 어느 식당에서 허물없이 지내는 친구들과 저녁 모임을 한 일이 있었다. 전 같으면 손님이 절반쯤은 들어차 있을 시간이다. 그날은 명절을 코앞에 두고 있어서이기도 했겠지만, 우리가 저녁 먹고 일어설 때까지 다른 손님은 들어오지 않았다. 넓은 홀을 우리가 독차지한 것 같아 주인에게 미안하기까지 했다. 하지만 어쩔 수 없는 일 아닌가. 우리의 잘못도, 주인의 잘못도 아니다.

그 날 만난 친구들이 입고 있는 겉옷이 한결같이 유명업체 옷이었다. 친구들의 옷과 내 옷이 비교되었다. 다음 순간 나도 별수 없는 속물인간이구나 하고 피식 웃음이 나왔다. 전통시장에서 산 옷을 입고 다니는 게 창피할 일이 아닐진대 그것을 비교하고 있다니. 나는 옷도 많지 않지만 주로 싼 옷을 사 입기에 자세히 보지 않아도 표가 난다. 친구들도 집에서는 아무 옷이나 입고 일상생활을 한다며 값싼 옷이면 어떠냐는 듯 빙그레 웃는다. 질기고 따뜻하면 그보다 더 좋은 게 없을 것 같은데 지금은 유명업체 옷을 선호하는 세상이니 격세지감이 느껴진다.

아내와 아이들은 좋은 옷을 사 입으라고 하지만 그게 쉽지 않다. 우선 유명업체 제품과 비교하면 가격차이가 너무 많이 난다. 유명업체 재킷 하나 살 돈이면 바지에 등산화까지 사고도 남는다. 그렇다고 유명업체 제품을 입으면 두 시간 걸려서 올라갈 산을 한 시간에 올라갈 수 있는 것도 아니다. 또 그만큼 힘이 덜 든다면 몰라도 그렇지 않을 것이다. 비싼 옷을 입어서 인물이 돋보인다면 한번 생각해 볼 일이나 내 못생긴 얼굴이 겉옷만 근사하게 입었다고 달라질리 만무하다.

신문지에 끼워서 온 광고 전단이 눈길을 사로잡는다. 모월 모일 요즘 잘 나가는 유명업체 제품을 세일 한다는 내용이다. 그중에는 내가 사고 싶었던 등산복이 주류를 이루고 있었다.

세일 한다는 날, 일찌감치 친구랑 그 매장을 찾아갔다. 소문을 듣고 달려온 사람들로 북새통이었다. 광고전단에 적힌 금액을 믿은 내가 잘못이었다. 눈에 띄는 옷은 일반매장이나 별반 다를 게 없었다. 가벼운 마음으로 매장을 들어설 때와는 달리 허탈하기만 한 내 마음은 어느새 전통시장을 향해 달려가고 있었다.

깨우지 마세요

언제나 가는 해는 아쉽고 오는 해의 기대감으로 마음이 설레는 세밑이다. 한 해를 마무리하기 위해 분주한 모습으로 오가는 이들의 모습이 활기차 보인다. 거리에는 크리스마스트리가 휘황찬란하고 드문드문 캐럴도 들려온다. 종교인들에게는 최대의 명절이 다가오고 있지만, 나는 그저 굴곡 많았던 한 해가 역사의 뒤꼍으로 사라지는구나 하는 생각으로 머리가 어지럽다.

연말이니 저녁이나 같이 하자는 직장 선배를 만나러 나왔는데 약속시각보다 십여 분 일찍 나오게 되었다. 오전에 자전거를 세 시간 가까이 타서 그런지 서 있는데 다리가 아팠다. 그렇다고 다방 같은 곳에 들어가 기다리는 것은 마음이 내키지 않았다. 어디 앉아서 기다려야겠다는 생각으로 앉을 자리를 찾아 두리번거리는데 종이상자 조각이 보였다. 종이상자를 깔고 앉을 요량으로 그것을 집어드는 순간 가슴을 뭉클하게 하는 문구가 있었다.

'노숙자가 자고 있습니다. 깨우지 마세요.' 잘 쓴 글씨는 아니어도 또박또박 쓴 문구, 가슴이 울컥해온다. 이 엄동설한에 어찌 종이 상자 한 장만을 덮고 잠을 이룰 수 있었을까. 그것도 깨우지 말라고 한 것을 보면 단잠이었지 싶다.

이 노숙자는 과연 어떤 사람이었을까. 깨우지 말라고 쓴 것을 보면 노숙자 생활 하루 이틀이 아니었음을 짐작케 한다. 정녕 돌아갈 둥지가 없어서일까. 아니면 이런저런 사정 때문에 사람들을 피해 다니는 것일까.

1997년에 발생한, 그 지긋지긋한 IMF 한파가 아직 이어져 내려온다는 사실에 가슴이 답답하고 서글퍼진다. 그 이전에는 모든 게 풍요로웠다. 흥청망청은 아니어도 잘 입고, 잘 먹고, 잘 사는 나라로 알려진 것도 사실이다.

IMF는 어느 특정 국가를 피해 가지 않았다. 우리나라보다 더 잘 사는 선진국들도 어렵기는 매한가지였을 것이다. 그 어려움을 극복하고자 우리는 허리띠를 졸라매야 했다. 허리띠 졸라매는 것으로 IMF를 극복할 수 있었으면 얼마나 좋았을까. IMF는 그렇게 호락호락하지 않았다. 이름 있는 회사, 소위 10대 재벌 안에 든다는 기업들도 도산의 위협을 느껴야 했다. 잘 나가던 40~50대 중견간부들을 명예퇴직이란 이름으로 퇴직시켰다. 말이 좋아 명예퇴직이지 반강제로 회사에서 내몰린 격이나 마찬가지이다.

하루아침에 직장을 잃은 가장들은 망연자실할 수밖에 없었다. 자녀 공부도 다 마치지 못한 상태에서 몰려온 경제 한파는 모든 것을 어렵게 만들었다. 조금 더 넓은 집으로 옮겨갈 부푼 꿈이 깨어지고, 사랑하는 아들・딸 학자금에 쪼들리고 신용불량자가 되는 아픔을 겪어야 했다. 또 있다. 전도유망한 젊은이는 일자리를 찾지 못해 발을 구르거나 깊은 수렁의 늪으로 빠져들게 했다.

IMF가 발생한 무렵에는 서울역 등에 몰려드는 노숙자들을 수없이 보아왔다. 건물 지하실이나 전철역 등에서 신문지 한 장만을 덮고 웅크리고 누워있는, TV 화면에 비친 모습은 조금 과장되게 표현해서 산송장이나 다름없었다. 그들은 돌아갈 곳이 없는 게 아니라 돌아갈 둥지를 잃어버린 사람들이었다. 가장을 잃은 집안은 모든 게 엉망이 될 수밖에 없었다. 집안 살림밖에 모르던 여인들이 식솔들의 의식주 해결을 위해 직업 전선으로 내달려야 했다. 힘든 일이라곤 해보지 않던 고운 손에 벌겋게 물집이 생기는 고된 노동도 감내해야 했다.

노숙자가 '깨우지 말라'라고 쓴 종이상자를 깔고 앉아 생각에 잠긴다. 그래도 지금은 노숙자 생활하기가 전보다는 나을 것이란 생각이 든다. 노숙자 생활은 해보지 않았지만, 그 못지않은 마음고생을 한 적이 있었다.

흰 눈발이 날리던 그날도 오늘처럼 크리스마스 캐럴이 요란하게 흘러나왔었다. 40년도 훨씬 더 지난 서울역 거리, 들뜬 분위기와는 달리 춥고 배고픈 몸과 마음을 달래며 거리를 헤매던 상고머리 시골소년은 서울만 가면 모든 게 해결될 줄 알았다. 공부도 할 수 있고 취직해서 돈도 벌 수 있을 것이란 기대를 안고 무작정 올라간 서울은 소년의 기대를 무참하게 짓밟고 말았다. 발길을 돌려 고향으로 돌아왔으니 망정이지 아니었으면 소년도 서울역의 노숙자가 되었을지도 모른다.

'깨우지 말라'라고 쓴 종이상자를 덮고 잠을 자던 사람은 나이가 얼마나 되었을까. 당시 서울역을 배회하던 소년보다는 나이도 많고 어느 정도 노숙자 생활이 익숙해진 사람이 아닐까 하는 생각을 해본다. 하지만 40여 년 전 소년처럼 무작정 거리를 헤매고 다니지 말고 가정으로 돌아가기를 기원해본다.

세밑이라 그런지 날씨도 더 차게 느껴지고 황량하기만 한데 그 노숙자는 어느 곳에서 몸을 낮추고 있을까. 서울역에서 김이 무럭무럭 나는 순댓국을 바라보며 진한 군침만 삼켰던 그 옛날이 아련히 떠오른다. 그를 만난다면 따뜻한 해장국이라도 한 그릇 사주고 추위에 떨던 마음을 조금이라도 녹여주고 싶다.

후덕한 여인

내가 사는 곳은 변두리 지역이어서 큰 발전이 없는 곳이다. 30여 년 전 집을 장만할 때나 지금이나 큰 변화가 없다. 그러다 보니 자연 상권이 형성되기 어렵다. 몇몇 집이 1층에 상가를 내고 임대를 주곤 하지만 크게 주목 받거나 활성화되지는 않았다.

우리 집 길목에 있는 건물 아래층 식당도 주인이 여러 번 바뀌었다. 유동인구가 적으니 장사가 잘될 리 없다. 한동안 문을 닫아놓고 있었는데 어느 날 보니 청주식당이라는 간판이 걸려 있었다.

가무잡잡한 얼굴에 깡마르고, 키가 껑충한 여인이 그 청주식당에서 장사를 시작한 것은 3년여 전인가보다. 손님이 없어 닫아놓고 있던 식당 문을 연 그 용기가 놀라웠다. 벌써 몇 사람인가 주인이 바뀌었는데 그것을 아는지 모르는지.

말이 좋아 식당이지 주 메뉴는 술 손님을 맞기 위한 간단한 요리이다. 우암산에 등산 갔다 오는 사람들이 들려서 가볍게 소주 한 병에 오징어 볶음 등 값싼 안주를 시켜먹고 가곤 하는 그런 식당이다. 때로는 안주도 시키지 않고 막걸리 한 병 놓고 장시간 자신들의 무용담이나 신세한탄만 늘어놓다 가는 사람들도 있었다.

내가 그 식당을 이용하게 된 것은 아주 우연이다. 동네에서는 거의 술을 먹지 않았기 때문에 평소에는 그냥 지나치곤 했었다. 그날은 이웃집 형님이 나오라고 하기에 마지못해 따라간 곳이 그 집이었다.

첫눈에도 별 호감이 가지 않았다. 술 손님들이 자주 찾는 집은 대게 특별한 맛을 내는 집이거나, 주모가 털털하고 후덕하게 생겨 안주를 많이 주는 곳이다. 그런데 첫눈에도 주모의 가무잡잡한 얼굴은 노처녀의 히스테리를 연상하게 했고, 깡마른 얼굴은 후덕한 인심과는 거리가 멀게 느껴졌다. 아무리 살펴봐도 복이 들어 있을 것 같은 곳이라곤 찾아볼 수 없었다. 아니나 다를까 술이 거나한 손님이 무슨 말을 했는지는 모르겠으나 톡 쏴붙이는 말은 정나미가 뚝 떨어지게 했다. 그런 말을 하려면 다시는 오지 말라는 게다. 그 다음은 내 모르는 일, 그 남자가 다녀갔는지 어찌했는지….

그 이후에도 몇 번인가 그 집에 가서 술을 먹은 기억이 있다. 하지만 안주가 맛있다거나 싼값에 이끌려 간 것은 아니고 집에서 제일 가까운 거리에 있는 집이다 보니 멀리 가기 싫어서 가곤 했었다.

지난해 섣달그믐날이었다. 전만은 못하지만 그래도 연말이면 몇 군데 모임이 있고 그곳에서 빠짐없이 행해지는 송년회라는 게 있다. 그날도 어느 모임에서 송년회를 끝내고 집으로 돌아오는 길이었다. 술기운이 찬 바람을 맞으니 이내 가신다. 조금 모자란 듯싶다. 전 같았으면 2차를 갔을지도 모르나 이제 그런 만용은 자제할 줄도 알고 있으니 이제 철이 들었다고나 할까.

버스에서 내려 터덜터덜 걸어서 그 식당 앞을 지나오는 데 마침 주모가 어느 손님을 배웅하기 위해 문을 열고 나오다 나와 시선이 마주쳤다.

"어르신 어디 다녀오세요? 잠깐 들렀다 가세요."하는 게 아닌가.

전에도 그랬다. 옆집 형님이랑 술을 먹으러 가면 우리에게 꼭 어르신이란 호칭을 붙였다. 옆집 형님은 어르신 소리를 들을 만하지만 나는 아직 아니라고 생각한다. 마음은 아직도 청춘인데 어르신으로 보인다는 현실이 나를 조금 서글프게 하기도 했다.

그 주모의 자존심으로 봐서 나에게 술 한 병 더 팔기 위해서 호객하는 것으로는 보이지 않았다. 달리 바쁠 것도 없고 해서 따라 들어갔더니 홀에는 술 손님이 한 명밖에 없었다.

"앉으세요. 이 모(某) 어르신이랑 정 모(某) 어르신은 자주 오시니까 미리 말씀드려서 한 잔씩 하고 가셨어요. 그동안 고마웠습니다. 못 뵙고 가는가 했더니 마침 인사드릴 기회가 돼서 다행이네요."

주모의 말을 정리하면 이제 이곳에서 술 장사는 그만 하겠다는 것이며 오늘은 마지막으로 송년회를 겸해서 그동안의 고마움을 담아 술을 대접하고 있었다는 게다. 가슴이 뭉클해왔다. 외모만 보고 후덕하게 생기지 않았다느니 신경질적으로 생겼다느니 생각한 나의 얕은 안목이 다시 한번 굴욕을 당하는 순간이었다.

여인이 우리 동네에서 장사한 3년 여 동안 돈을 벌었으면 얼마나 벌었겠는가. 값비싼 안주가 있는 것도 아니고 주로 서민들이 자신들의 비어 있는 술 배를 채우기 위해 드나들었던 곳이 아니던가. 내가 느끼기에는 많은 이윤이 남을 턱이 없을 것 같았다.

한 해 동안 수출 실적을 많이 쌓은 기업들도 연말 상여금에는 인색한 게 사실이다. 내 짧은 식견으론 좀 나누어 주어도 될 성싶은데 그게 아닌 모양이다. 하긴 옛말에 아흔아홉 섬 가진 부자가 한 섬 하는 자작농의 한 섬을 빼앗아 백 섬을 채웠다는 말도 있으니 가지면 더 갖고 싶은 게 사람의 욕심일지도 모른다.

주모는 시원하게 끓인 동태찌개와 소주 한 병을 상에 올리고 손수 따라주는 친절까지 보인다. 전 같으면 어림없는 일이다. 그날따라 술맛이 더 좋았다. 1차 모임에서 어느 정도 마시고 온 길이지만 나는 주모의 고마운 마음에 이끌려 술병 바닥이 보이는 것도 잊고 있었다.

'개같이 벌어서 정승같이 써라.'라는 옛말이 있는데 그 주모의 씀씀이는 정말 정승 같아 보였다.

뚜쟁이

나는 1급 중매쟁이다. 본인들이 원하든 원하지 않든 짝만 있으면 성사시키고 보는 과감한 내 행동을 칭찬해주고 싶다. 오늘도 벌써 세 쌍이나 중매에 성공했다. 어디 그뿐인가. 혼기가 꽉 찼으니 2세도 어서 생산하라고 조촐하게나마 신방도 꾸려주었다.

옛말에 '중매는 잘하면 술이 석 잔이요. 잘못하면 뺨이 석 대' 라는 소리를 들어보긴 했으나 나는 술도 얻어먹지 못했고, 더구나 뺨을 맞은 일도 없다. 지금껏 파탄을 맞거나 못 살겠다고 찾아오기는 고사하고 그런 말조차도 들어보지 못했으니 나는 명 중매쟁이가 분명하다.

그런데 사회는 참으로 묘한 게 내가 중매 서는 것을 못마땅하게 생각한 사람이 있다. 내 일을 훼방하고 그것도 모자라 좀 있으면 결혼 적령기에 도달할 처녀 총각들을 향해 내가 없는 틈을 타 차량에 소독 기구를 신고 다니며 마구잡이로 퍼부었다. 그들의 예쁜 얼굴에 흠집이 생기고, 그 튼튼하던 젊음을 망가트리고 발육을 정지시켜 참으로 안타까웠다. 내 당장 이들을 찾아가 요절까진 아니더라도 변상이라도 시켜야지 하는 생각마저 들었지만 참을 수밖에 없었다. 그들에게 무슨 죄가 있겠는가. 그들은 공공기관의 명을 충실히 이행한 죄밖에 없다. 따지고 보면 내 욕심이 더 컸는지도 모른다.

아침저녁으로 호박 크는 모습을 바라보는 재미가 쏠쏠하다. 대문 지붕과 차고 지붕이 연결되어 있어 그곳에 호박넝쿨을 올렸다. 호박넝쿨을 올리지 않았으면 더 깨끗하고 좋았을 것이란 말을 하는 이도 있지만, 미적 감각보다는 실리를 취했다고 하는 편이 더 맞을 것 같다.

시장에서 애호박모를 사다가 정성스레 심었다. 심기 전에 퇴비도 충분히 하고 비료도 듬뿍 넣었다. 어서 무럭무럭 자라서 이 시골 태생의 입맛에 맞는 애호박이 달리기만을 바랐다. 내 꿈과는 달리 호박은 더디게 자라났다. 더구나 가뭄이 엄습해 왔지만, 아침저녁으로 물을 준 덕분에 그나마도 자랐지 싶다.

어찌어찌 내 키 만큼 자랐는가 싶었는데 그때부터는 하루가 다르게 넝쿨이 뻗어갔다. 우선 호박넝쿨이 잘 뻗어나가게 하기 위해서는 섶을 충분히 얹어주는 게 중요하다. 이 일을 대비해 지난해 담장 옆 은행나무 줄기 자른 것을 잘 묶어두었었다. 그것을 슬레이트 지붕 위에 얹어주자 호박넝쿨은 그것을 붙잡고 쑥쑥 뻗어나갔다. 이제 꽃들도 다퉈 피어나기 시작했다.

그런데 문제가 생겼다. 중신아비가 돌아다니지 않았다. 소독을 자주 해서 그런 것 같다. 어쩌다 한두 마리 날아다니는 벌도 힘이라곤 사흘에 피죽도 한 그릇 못 먹은 사람처럼 빌빌거렸다. 그러니 암꽃 맺힌 것을 본지가 사나흘 지나서 이제 솔방울만 하게 자랐겠지? 하고 살펴보면 비들비들 곯아서 꼭지가 빠진 채 차디찬 시멘트 지붕에 떨어져 있곤 했다.

개똥도 약에 쓰려면 귀하다고 하더니 그 꼴이었다. 고향 마을에선 벌도 그리 많더니 이곳은 벌 보기도 어렵다. 하는 수 없이 붓을 들고 수꽃의 꽃가루를 묻혀 암술머리에 칠해주었다. 수꽃 하나만 가지면 서너 번은 칠할 수 있었다. 하지만 아끼지 않고 일대일로 수정을 해주었다. 그렇게 수정하고 2~3일만 지나면 완연하게 차이가 났다.

수정이 된 놈은 눈에 띄게 자라는 반면 수정이 아예 되지 않았거나 부실하게 된 놈은 시름시름 앓다가 땅에 떨어지곤 했다. 저놈들이 다 수정이 되었다면 며칠 동안 내 밥상에 오를 반찬이 되었을 터인데 무척 아까웠다.

그다음부터는 아침에 일어나면 암꽃이 피었나 살피고 붓을 들고 수정해주는 게 무척 즐거웠다. 수정을 해주고 2~3일 지나면 살이 통통하게 오르는 모습은 무척 귀엽다. 지나가던 사람들도 발걸음을 멈추고 바라보며 '어쩜' 하고 한마디 찬사를 아끼지 않았다. 이놈들이 꾸준하게 꽃을 피우면 좋겠는데 꽃이 필 때는 한꺼번에 여럿이 피고, 며칠간은 데모라도 하는 듯 숨죽이고 있다. 고약한 것들 같으니.

아내는 애호박을 한꺼번에 여러 덩어리 따면 신문에 싸서 냉장고에 넣어두었다가 이놈들이 뜸할 적에 밥상에 올린다. 하지만 한 포기 심은 것만 가지고도 우리 두 식구는 먹고도 남는다. 이웃집에 나누어 주기도 하고, 지난번에는 서울 계신 누님댁까지 실려 가는 호사를 누린 놈들이다. 애호박은 찬바람이 불려고 할 즈음에 더 잘 달린다. 성장 속도는 조금 늦어도 이때가 맛도 제일 좋을 때다.

하지만 훼방꾼도 있었다. 주민자치센터에서 매주 소독을 하는 데 호박넝쿨이 무성하니까 그곳에다 집중포화를 하는 것이었다. 소독약을 맞은 여린 새순들이 꺼물꺼물 말라죽어 가는 모습은 무척 속이 상하고 안타까웠다. 모기나 일반 해충들을 죽이기 위한 소독작업이었는데 애꿏게 호박넝쿨도 피해를 본 셈이다. 한번 소독약에 새순이 말라죽으면 근 열흘 이상 되어야 그만큼 새순이 나오곤 했다. 한번은 소독하는 소리가 들리기에 뛰어나가 있다가 호박넝쿨에는 소독하지 말라고 했더니 그 다음부터는 호박넝쿨 말라죽는 일은 없었다.

새우젓을 넣고 끓여준 애호박 볶음은 다른 반찬 없이도 밥 한 공기를 다 비우게 했다. 애호박을 썰어 넣고 구워주는 부침개 맛 또한 일품이다. 올여름은 애호박 바람에 술을 더 마셨지 싶다.

빈 집

아! 빈 집이다. 지금껏 가슴을 짓누르던 어떤 압박감에서 해방된 듯 가슴이 후련하다.

오래 전 고향마을에 들렀을 때다. 어릴 적 뛰어놀던 정겨운 마음으로 들어선 고향집은 폐가나 다름없었다. 마당은 잡초가 무성하고 안방 벽은 한쪽이 허물어지기 일보 직전이었다. 그때의 쓸쓸함과 서글픔이란 이루 말할 수 없었다.

그런데 오늘 텅 비어있는 집을 보고서 쓸쓸함이 밀려오기는커녕 반가운 마음이 먼저 드는 까닭은 왜일까. 그래 천만다행이다. 빈 집이 되었다는 것은 모두 무사히 이곳을 탈출했다는 것을 의미하며 더 나아가 이제 하나의 개체로 자연에 적응할 수 있는 능력을 갖췄다는 것을 내포하기에 더욱 마음이 홀가분해졌다.

일주일 전쯤 일이다. 내가 관리하고 있는 건물의 5층 모(某)학원 원장이 다급하게 전화를 했다.

"소장님! 저 좀 도와주세요. 무슨 소리가 나는데 무서워 죽겠어요."

올라가보니 학원 한쪽 구석에 간단한 주방기구 시설을 해놓은 곳 환풍구에서 이상한 소리가 들린다고 했다. 남자 같았으면 의자라도 놓고 올라가 확인해도 됨직한 높이지만 여자들은 쉬 접근하기 어려울 것 같았다.

책상을 밟고 올라가보니 건물 밖으로 연결된 가스레인지 환풍구에 쥐 아니면 새가 집을 지은 것 같았다. 은박지로 되어있는 주름관을 분리하자 가스레인지와 연결된 곳에 마른 이끼가 가득 들어있었다. 자주 사용하지 않은 듯 했다. 주름관을 두드려 보았다. 아무 소리도 들리지 않는다. 쥐죽은 듯 조용하다더니 정말 그랬다. 이끼를 걷어내고 다시 맞추려고 하다보니까 밖으로 연결된 주름관이 막혀있었다. 그곳에도 마른 이끼가 많이 들어있다. 이끼를 꺼내는데 실오라기 하나 걸치지 않은 빨갛고 조그마한 꼬물꼬물하는 생명체가 보였다. 엉거주춤 어찌해야 좋을지 쉬 판단이 서지 않았다. 마음 같아서는 얼른 놓아버리고 싶었지만 그리되면 영문도 모른 채 내 손에 끌려나온 어린 생명들이 땅에 떨어지는 순간 최후를 맞을 것 같은 생각에 그럴 수도 없었다.

손에 전율이 일었다. 눈을 뜨고 차마 볼 수 없을 정도여서 고개를 돌렸지만, 되돌리기엔 너무 늦었다는 생각이 들었다. 또 사용자가 불편을 느끼고 있어서 다시 원상으로 회복시켜선 안 될 것 같았다. 내 손에 들려있는 허물어진 집! 비바람이 불어도 끄떡없는 집, 무자비한 폭군의 침

입에도 견딜 수 있는 견고한 성을 짓기에는 너무 어려운, 힘에 부치는 일이었을 게다.

“원장님! 뭐 담을 것 좀 주세요.”

검정 비닐봉지를 건네준다. 눈을 돌린 채 비닐봉지에 그 어린 생명체를 담았다. 이제 어찌한담? 난감했다. 아직 열흘 정도는 더 어미의 손길이 필요할 것 같았다.

가엾은 생명 어쩌다가 이런 곳에 집을 지었더란 말이냐. 이런 곳에 집을 지을 요량이면 들키지나 말던지. 끊임없는 원망이 이어졌지만 이미 그들의 보금자리는 산산이 부서져 내 손에 들려있으니 이제 후회해도 소용없다.

지하 주차장 옆에 전나무가 심겨있는 조그마한 공터가 있다. 주로 흡연자들이 와서 담배를 피우고 가는 곳이다. 마침 그곳은 새가 둥지를 틀었던 5층에서 직선으로 내려다보이는 곳이어서 그곳에 두면 어미가 와서 보살펴 줄 것 같아 그곳에 두기로 했다. 안에 있는 어린 생명체를 확인할 용기도 나지 않았다. 조심조심 들고 왔으니 생명에는 지장이 없지 싶었다.

그날 퇴근해 집에 돌아와서도 영 마음이 불편한 게 커다란 죄 지은 사람처럼 어서 날이 밝아 현장에 다시 가서 확인해보고 싶은 마음뿐이었다. 엎친 데 덮친다는 말처럼 그날 저녁에는 비까지 추적추적 내린다. 좀 더 신경 써서 비 맞지 않을 만큼 단속 해주지 않고 온 게 마음에 걸렸다. 더구나 이튿날은 휴일이었다.

다음날은 평소보다 조금 일찍 출근했다. 제일 먼저 들른 곳은 어저께 허물어진 둥지를 옮겨놓은 곳이었다. 실오라기 하나 걸치지 않고 있던 몸에 뽀얗고 보드라운 옷을 걸친 예쁜 아기 새 네 마리가 기척을 느끼고는 일제히 노란주둥이를 내밀고 먹이를 달라고 짹짹 거린다. 아, 천만다행이다. 나는 그런 줄도 모르고 이틀이나 맘고생을 했으니.

마침 출근하던 미화원이 그 모습을 보고는 비 맞지 않게 해주자며 우산을 가지고 왔다. 그러지 않아도 좀 더 안전하고 조용한 곳으로 옮겨주려던 참이어서 비닐봉지를 조심스럽게 들어 한갓진 모서리로 옮겼다. 우산으로 빗물이 들어가지 않도록 덮어주고 가지치기 한 전나무 줄기를 우산이 날아가지 않도록 얹어 주었다.

"찌르르 짹 짹."

어디서 날아왔는지 노랑머리 할미새가 새끼들을 헤치지 않나하는 걱정으로 울음을 토한다.

"미안해. 내가 밉지? 그런데 오늘은 아니야. 너희들 안전하게 해주려고 하는 중이니 걱정 안 해도 돼."

내 말을 알아들은 것일까? 나뭇가지에 앉아 꼬리를 가볍게 흔들더니 더는 울지 않는다. 집을 옮기면서 보니까 총 여섯 마리였다. 하마터면 모두 세상 빛을 보지도 못할 뻔한 생명들이 아닌가.

어서 무럭무럭 자라서 저 넓은 하늘을 마음껏 날아다니는 모습을 상상했었는데 어느새 빈 둥지가 된 것을 보면 내 바람대로 된 것 같아 마음이 홀가분했다.

묻지 마

4월의 마지막 날! 날씨도 참으로 화창하다. 근 30여 년째 모임을 이어오고 있는 동네 어른들과 여수로 여행을 가는 길이다. 번성기 때에는 회원이 20명이 넘었고 부부동반으로 여행할 때에는 버스 좌석을 모두 채웠었는데 이제는 아니다.

초대 회장을 비롯한 몇 분은 이미 편안한 안식처에 잠들어 계시고 또 직장 따라, 이재(理財)를 좇아 다른 곳으로 떠나버렸다. 남은 회원은 고작 10여 명, 그나마 활동이 자유롭지 못한 분이 더러 있어서 장거리 여행도 꺼리게 되었다.

오늘도 부부동반 모임이지만 겨우 여남 명 남짓 참석하는 전대미문의 일이 생기고 말았다. 나는 이 모임의 초창기 시절에 총무를 5년이나 맡아서 했다. 처음에는 남들처럼 한 2년만 하려고 했는데 내 뜻대로 되지 않았다. 나보다 나이가 적은 사람들이 있었지만, 위, 아래 모두를 아우르려면 중간쯤의 회원이 총무를 하는 게 좋다며 반강제로 유임시키는 바람에 그리된 거다.

총무를 볼 당시 두 번이나 여행을 주선한 경험이 있다. 처음은 낙산사 구경을 마치고 주문진에서 회로 점심을 곁들인 다음 여흥을 즐기고, 그 다음 번에는 채석강에서 즐겁게 지내기도 했다. 당시는 모든 회원이 젊었으니까 차내에서 음주·가무도 하고 요란하게 떠들기도 했지만, 지금은 하지 않는 게 아니라 못하는 거다.

현재 총무를 맡은 친구는 창립 초기에 총무를 한 경험이 있는데 또다시 총무를 시켰다. 나도 젊은 층에 든다는 이유로 감사를 맡아야 했다. 1월 정기총회에서 올해에는 여행을 가자는 의견에 모든 회원이 찬성하기는 했으나 관광버스를 이용할 정도의 인원에는 절반에 반도 미치지 못하니 여간 낭패스러운 게 아니었다.

총무와 나는 하는 수 없이 1일 관광(묻지 마)을 추진할 수밖에 없었다. 총무나 나나 그쪽은 문외한이어서 1일 관광 출발지로 알려진 체육관 주차장에 나가서 관광버스 기사와 접촉 후 그가 주선하는 사람에게 연락해서 도움을 받기로 했다.

차에 오르는 사람들의 면면은 모두 세월의 무게를 짊어진 탓에 어깨가 처져있다. 나는 아닌가? 나는 아니라고 해도 저들 눈에 비친 나의 모습도 저들과 별반 다를 게 없을 거다. 가이드가 마이크를 잡고 오늘 목적지와 일정 주의사항 등을 일러준다.

아! 실망이다. 어쩌자고 저런 사람이 가이드를 하는 차에 탔단 말인가. 등도 약간 굽어보이는 여인은 가이드를 하기엔 너무 연치가 높아 보였다. 자괴심이었을까? 낯선 사람들의 눈을 의식해서일까 '나는 이래봬도 할머니는 아니다'라고 한다. 맞장구를 쳐주는 사람이 있다. 일행으로 보인다. 그도 비슷해 보인다. 누가 봐도 할머니가 분명했다. 하긴 손자 손녀가 없다면 할머니 소리를 듣지 않을 수도 있긴 하지만, 그것은 말장난에 불과하다.

가이드가 모집한 일행들 역시 모두 석양을 등에 업은 그 연배로 보인다. 어느 팀은 80이 넘은 노익장을 대동하고 나오기도 했다. 저 연세에 아직도 돌아다니고 싶은 용기가 있다는 사실이 놀랍고 부러웠다. 젊음은 어디에 두고 저리 석양빛만 등지고 있단 말인가. 나는 아침에 출발하면서 우리 팀이 제일 높을 것으로 예상했으나 그에 비하면 우리 팀은 속된 말로 영계였다.

돌아오는 길은 모두 마음이 들떠 있는 듯했다. 모처럼의 나들이이니 좀 놀아도 뭐 큰 흉이야 되겠는가. 점심에 술을 곁들인 탓인지 몇몇 사람의 얼굴이 불콰하다. 이윽고 가이드가 마이크를 잡고 판을 벌인다. 몇 사람이 통로에 나가서 이리저리 몸을 흔든다. 보기 좋다.

가는 세월 붙잡아 매고 오는 백발 가시로 막으려는 듯 백발이 성성한 어르신이 트위스트 춤을 추며 젊어 보이는 여인에게로 다가간다. 나는 이 대목에서 가슴을 졸여야 했다. 만약 여인이 거절한다면 저 할아버지는? 그런데 아니다. 할아버지를 상대로, 할아버지의 리드에 따라 몸을 흔들어주는 여인이 무척 고맙고 아름답게 느껴졌다.

"나와서 같이 노세요."

넋 나간 사람처럼 쳐다보는 나를 향해 가이드가 툭 던진 말이다.

"좀 더 있다 놀게요."

"한번 흘러간 세월은 다시 돌아오지 않아요. 나중에 후회하지 말고 지금 실컷 노세요."

하지만 나가서 어울릴 만큼의 용기가 내게는 없었다. 나이를 잊고 용기를 내어 오늘에 만족하며 살아가는 저분들의 마음이 부러웠다.

어떤 졸업

오늘 드디어 졸업이다. 그동안 크게 이룩한 것은 없지만, 그래도 마음 한구석엔 뿌듯한 감이 몰려온다. 정말 참기 힘든 고통의 연속이었다. 어느 때는 비명에 가까운 소리도 질러야 했고 아픔을 참지 못해 뛰쳐나가려 했던 일도 있다. 하지만, 그때마다 참아야 한다는 신념 하나로 버텨온 게 벌써 다섯 달, 이제 그 끝이 보이기 시작한 거다.

지난해 가을 오른쪽 어깨에 이상이 느껴지기 시작했다. 작은 물건을 들어 올리는 데에도 팔꿈치가 시큰거렸고 어깨에도 통증이 왔다. 팔을 위로 똑바로 세우는 것도 잘되지 않고 끝까지 올라가지도 않았다. 생활하는데 큰 불편은 없었지만 신경을 곤두서게 했다.

오래 전 테니스에 열중하던 때가 있었다. 날이 새기도 전에 테니스장에 나가서 온몸을 땀으로 흠뻑 적시고, 퇴근 후에도 공이 보이지 않을 때까지 공을 치곤했다. 더구나 토요일 오후부터 일요일까지는 테니스장에서 살다시피 했다. 테니스회원들과 편을 나눠 시합해서 점심은 아예 그곳에서 해결하고, 진 팀이 도전하면 다시 시합해서 술을 곁들인 저녁내기가 시작되고, 그런 생활은 1년 가까이 계속되었다.

천년만년 아플 것 같지 않던 몸에 드디어 이상이 아니라 탈이 나고 말았다. 어깻죽지가 벌겋게 부어오르고 통증도 심했다. 팔꿈치가 시큰거려 더 이상 방치했다가는 큰 낭패를 볼 수도 있겠다는 생각이 들기 시작했다.

당시 내가 근무하던 시골에는 정형외과도 없었다. 백여 리 되는 충주까지 가서 진료를 받아보니 너무 무리한 운동으로 인한 테니스 엘보와 어깨관절 염증이 심하다며 당분간 운동을 쉬는 게 좋을 듯하다고 했다.

근 열흘 동안 테니스장은 얼씬도 하지 않았다. 그러자 어느 정도 통증이 가시기 시작했다. 날만 새면 테니스장으로 달려 나가곤 하던 사람이 집에 가만히 있자니 몸이 근질거려 참을 수가 없었다.

거리에서 회원들을 만나면, 내가 속한 팀과 내기해서 진 팀에서는 도전하겠다고 약을 올리고, 우리 편을 이긴 팀에서는 어서 도전하라고 약을 올려서 더 이상 몸조리하는 것도 포기하고 테니스장으로 내달리고 말았다. 내 몸을 너무 혹사한 게 분명했다. 그 이후 내 몸은 예전 같은 기량을 발휘하지 못했다.

이제 테니스와 인연을 끊은 지 강산이 세 번이나 바뀌었고 당시 통증이 있던 부위도 모두 나았다고 생각했더니 다시 꿈틀거리기 시작한 것 같다.

병원에 가서 엑스레이를 찍어보니 어깨관절이 약간 퇴행되고 염증도 심하단다. 더구나 근육이 뭉쳐있어 풀어주어야 한다는 거다. 꾸준한 물리치료가 최선의 방법이라는 의사의 말을 믿고 이틀에 한번 월 수 금 물리치료를 받으러 다녔다.

온열 팩을 통증부위에 가져다 대주면 얼마간은 시원했다. 제일 참기 힘든 게 물리치료실장이 직접해주는 운동치료였다. 통증이 있는 부위를 손으로 주무르면 무척 아팠다. 비명이 절로 나왔다. 또 관절이 굳었다며 근육 운동을 시키는데 거의 꺾기 수준이었다. 이를 앙다물고 속으로 비명을 삼켜보지만, 얼마 참지 못하고 입 밖으로 뛰쳐나온다. 그러면 지나가던 간호사들이

"실장님 또 사람 잡네!"

"저 마녀 또 시작이야!"라고 놀려댄다. 그들에겐 일상 있는 일이니 그리 새삼스러울 것도 없지만, 치료를 받는 입장에선 여간 고통이 아니다. 한번은 일명 '막내'라고 불리는 간호사가 지나가다 내가 아파서 신음하는 것을 듣고는

"또 시작이야. 저러다 걸어 나가지도 못하게 만들 거야!"라고 실장을 놀린다.

"아니 사람이 아프다고 하면 좀 말려줘야 인간의 도리지. 어찌 그리

인정이 없어요?"

"실장님은 아무도 못 말려요. 내가 지거든요."

"덩치로 하면 이길 것 같은데?"

"아니에요. 그러다간 나까지 비명 질러야 돼요. 호 호 호"

"너 죽었다. 이따가 보자"

자주 다니면서 얼굴이 익었으니 자연스레 간호사들과 농담도 주고받는 처지가 되었다. 잠시 동안이지만, 웃다보니 아픔이 어느 정도 가셨다. 그렇게 일주일에 세 번, 병원 물리치료실을 다닌 지 다섯 달! 제대로 되지 않던 만세 동작, 열중쉬어 자세에서 위쪽으로 더 올라가기를 거부하던 오른쪽팔도 만족할 만큼은 아니지만, 생활하는데 불편 없을 정도로 호전되었다.

너무 지루했다. 어서 졸업하고 싶었다. 하지만 내 마음대로 졸업할 수도 없었다. 내가 물리치료 받기를 거부하고 병원에 가지 않으면 되는 일이지만, 그렇게 하기는 싫었다. 그리고 지금까지 꼬박고박 쌓아온 신용이 무너지는 것도 싫었다. 또 있다. 내가 느끼지 못하는 또 다른 부위나 시원찮은 곳이 있을 수도 있지 않을까 하는 의구심도 들었다.

"언제 졸업시켜 줄 거예요?"

"아직 더 다니셔야 해요. 지금 많이 좋아지긴 했지만 운동 안 하고 쉬면 이내 관절이 굳어버려요."

내가 조급증을 내자 물리치료실장은 강도를 더 높이는 것 같았다. 그리고 마침내 오늘,

"절대 몸 혹사시키지 않고 꾸준하게 스트레칭 하신다고 약속하면 졸업 시켜 드릴게요."

"네, 꼭 그리할게요."

대답은 철석같이 했지만 정말 그리 할 수 있을지 내가 생각해도 의문이다.

4

외나무다리

까치밥

화단에 감나무 두 그루 심은 게 20여 년 전인가 보다. 가을에 빨갛게 익은 감도 따 먹고 바라보는 즐거움도 느끼기 위해서다. 감나무에 정성을 많이 쏟았다. 거름이 될 만한 것은 모아 두었다가 봄에 나무 주변을 파고 묻어주기도 하고, 가지치기도 해마다 해주었다. 땅도 좋고 애정으로 보살피니까 감나무는 병치레도 않고 생각 외로 잘 자라 주었다.

감이 달리던 첫해는 무척 신기했다. 아내는 서둘러 따자고 하는 것을 나는 손도 대지 못하게 했다. 아내는 그 일로 인해 며칠 토라지기는 했어도 내 뜻을 거스르지는 않았다.

빨갛게 매달린 감을 두고두고 볼 요량이었다. 은빛 이불로 온 세상을 뒤덮은 한겨울, 발가벗은 몸으로 몰아치는 삭풍을 이겨내고 빨간 홍시를 매달고 있는 처연한 모습을 바라보는 낭만이라니…. 생각만 해도 가슴이 뭉클했다. 꿈과 이상은 항상 거리가 멀다고 하더니 정말 그랬다. 내 꿈을 무참히 짓밟은 범인(?)은 다름 아닌 까치였다. 겨울이어서 먹이가 부족해서일 게다. 이게 웬 떡이냐는 듯 떼거리로 몰려와서 깍깍거리며 쪼아 먹는다. 그 모습은 마치 먹을 것을 남겨 주어서 고맙다고 꽁지로 인사하는 것처럼 느껴지기도 했다.

마음 같아서는 이놈들 너희 먹으라고 남겨 놓은 것 아니니 그만 먹고 떠나지 못할까 하고 까치들을 쫓아내고 싶었지만 차마 그러지 못하고 바라보고만 있어야 했다. 여름내 푸름을 자랑하던 식물들도 모두 눈 속에 파묻혀 편히 쉬고 있는 이 엄동설한에 어디 가서 먹이를 구할까 하는 생각이 들어서다.

지난주에 아내가 화단에 서 있는 감나무에 달린 몇 개 안 되는 감이지만 따자고 한다. 올해는 감이 많이 달리지도 않았고 그나마도 자잘하다. 두 그루가 사이좋게 서 있다가 친구를 잃은 안타까움이었을까. 아니면 무자비하게 가지를 잘라내고 그마저도 모자라 뿌리까지 캐내 버린 주인의 매몰찬 행동에 반기라도 든 것일지도 모른다.

감나무가 크니까 햇볕이 잘 들지 않았다. 더구나 아파트에 가려 조금밖에 들지 않는 햇볕을 한 움큼이라도 더 받아보려고 한 고육지책임을 감나무는 어찌 몰랐을까. 나무가 크니까 가을에 떨어지는 낙엽도 만만찮았다. 우리 집 마당에 떨어지는 것이야 쓸어 담아서 버리면 그만이지만, 담 너머 앞집 울안으로 떨어진 잎을 치우려면 담을 넘어야 하고, 또 여간 미안한 게 아니었다. 이웃 간에 싫어도 싫다 소리 안 하는 고마운 사람에게 더 폐를 끼쳐서는 안 되겠다는 마음이 들었다. 가을에 감을 따서 한 바구니 건네 보지만 그동안의 미안한 마음이 어찌 그 알량한 감 몇 개로 갚을 수 있겠는가. 감나무 한 그루를 베어내기로 마음속으로 결정했다. 감이 주렁주렁 달리는 것을 베어낸다는 것은 생살을 도려내는 아픔과도 같이 느껴졌다.

기왕에 시작한 감나무 제거 작업은 한 그루에 그치지 않고 나머지 한 그루에도 아픔을 주기에 이르렀다. 앞집 담 너머로 잎이 떨어질 소지가 있는 가지를 잘라내자 한쪽으로 기우는 듯한 기형이 되어버렸다. 균형을 맞추기 위해서는 웃자란 가지와 반대편 가지를 더 잘라내야 했다. 손질이 끝났을 무렵에는 뼈대만 앙상하게 남은 게 볼품이라곤 하나도 없었지만, 그 대신 바닥에 있는 꽃들이 살아 숨 쉬는 듯 활기찬 모습을 보였다.

가지 잘라낸 첫해에는 감이 달리지 않더니 올해에는 몇 개 달려서 그나마 감나무 체면을 유지했다. 전에는 감이 달고 시원했었는데 올해는 영 맛이 없다. 입맛이 변했나. 몇 개 따다가 그냥 두자고 했더니 웬일인지 이번에는 아내가 순순히 그러자고 한다.

감나무에 까치가 날아와서 주위를 살피다가 재빨리 감을 쪼아본다. 감은 이내 흠집이 나고 만다. 까치란 놈은 몇 번이나 반복해서 감을 쪼아서 입으로 삼킨다. 그러나 입으로 넘어가는 양은 그리 많지 않은 것 같다. 홍시가 되었다면 삼키기가 훨씬 쉬웠겠지만, 단감이니 쉬 물렁물렁해지지도 않는다. 이놈들은 혼자 먹기가 심심해서인지 아니면 굶고 있을 동무들을 생각해서인지 깍깍거리며 친구들을 불러들인다. 이내 서너 마리가 매달려서 한 입이라도 더 먹으려는 듯 감 한 번 쪼아 먹고, 고개 돌려서 누가 잡으러 오지 않나 확인하고…. 그 모습이 재미있다.

남들이 보면 화단에 서 있는 감나무에 감이 달려 있으니 까치밥으로 남겨 놓은 것으로 알리라. 그리고 꽤 운치 있는 사람이라고 생각할지 모르지만 실은 맛이 없어 다 따지 않고 남겨놓은 것에 불과하다. 그 감을 쪼아 먹으려고 아침이면 까치가 가끔 날아든다. 아직 들녘에 먹이가 많이 널려있어서 그런지 날아오는 까치도 드물고 전처럼 적극적이지도 않다.

길을 다니다 보면 빨갛게 익은 감이 주렁주렁 매달린 것을 자주 볼 수 있다. 그 감을 따지 않은 사람은 나처럼 맛이 없어서는 아닐 게다. 자연을 아끼고 동식물을 사랑하기에 추운 겨울에 야생 동물 양식하라고 남겨둔 것이리라.

말(語)

옛말에 '말이 고우냐. 비단이 고우냐?' 하는 말이 있다. 다 아는 말이지만 '비단보다 말이 더 곱다.'이다. 그 비단보다 더 곱게 들릴 말을 실수하는 바람에 큰 무안을 당했다. 겉과 속이 다른 말을 하지 못하는 성격을 탓하기만 할 일은 아닌 듯하다. 때로는 싫어도 좋은 척 넘어가주는 지혜도 필요한 것 같다.

한번은 어느 민간단체장에 출마한 사람이 자신을 지지해 달라고 부탁해 온 일이 있었다. 미안하지만, 이미 다른 후보를 지지하기로 약속이 되어있다며 거절했다. 그냥 듣기 좋게 그러마고 했으면 좋았을 것이란 생각을 나중에야 했지만 소용없는 일이었다.

지인들 집에 들렀다가 나와 보니 내 애마가 사면초가에 갇혀 있었다. 이런, 제일 쉽게 빠져나올 수 있는 길은 내 애마 뒤쪽으로 나오는 것이지만 뒤차에는 아무런 연락처도 없다. 남을 전혀 배려하지 않은 처사에 화가 치밀었다. 혼자 아무리 그래본들 무슨 소용이겠는가. 제일 급한 것은 어서 갇힌 애마를 빼내어 집으로 돌아가는 것뿐이다.

앞은 높은 담장이, 좌・우는 다른 차들이 가로막고 있으니 난감한 일이었다. 궁여지책으로 오른쪽에 주차해 있는 차를 움직여준다면 쉬 빠져나올 수 있겠지만, 그 차는 통행이나 다른 차에 전혀 불편을 주지 않게 주차돼 있었다. 하는 수 없이 운전석에 매달린 휴대전화번호로 전화를 걸었다. '저 사장님 죄송하지만 차 좀 빼주세요.' 전화 받는 태도가 냉랭하다. '무슨 소리에요. 내 차는 상관이 없을 터인데….'

조금 기다리자 정육점 위생복을 입은 젊은이가 손에 열쇠를 들고 나와서 두리번거린다. 나를 멀뚱멀뚱 쳐다보더니 자기는 주차를 잘해 놓았기에 잘못 걸려온 전화이거니 하는 듯 돌아서려 한다. 이 기회를 놓치면 이곳을 빠져나가기가 어렵다.

"미안해요. 뒤차에 연락처가 없어서…."

젊은이는 벌레 씹은 얼굴을 하고서는 뒤차를 힐금 보더니

"○○네 차네."

하고 혼잣말로 중얼거린다. 나는 연락처도 남기지 아니하고 남의 차 뒤꽁무니를 막아놓은 장본인이 누군가 알고 싶었다.

"누구네 차라고…."

차를 빼주려고 운전석 문을 열던 젊은이가 나를 노려보더니

"이 아저씨 말하는 것 기분 나쁘네"

자식 같은 젊은이였다. 아마 젊은이 생각에 자신은 호의를 베풀어 차를 빼주러 나왔는데 내 말끝에 '요'를 붙이지 않은 게 비위에 거슬린 모양이었다.

"누구네 차냐고 물었는데 그게 기분 나빴나요?"

"아무 말 하지 말고 어서 가기나 하세요."

하더니 젊은이는 자기 차를 후진시켜 내차가 나갈 길을 터 주었다. 무엇이 기분 나빴느냐고 따지고 싶었지만, 그럴 수 없었다. 젊은이의 태도로 보아 한번 뱉은 말을 주워 담을 위인이 아닌 듯했다.

자식 또래 같은 사람이었어도 정중히 대우해주지 않은 게 실수였다. 또 있다. 자신은 남에게 아무런 불편을 주지 않았는데, 또 남의 불편을 해소해 주러, 좋은 일 해주러 나왔다가 반말 비슷한 말을 들었으니 그리 기분 좋게 들리지 않은 것도 사실이렷다.

변명으로 들릴지 모르나 나는 그 젊은이에게 고마움을 느꼈다. 적어도 나에게 그런 모욕적인 언사를 하기 전까지는…. 일하다가 위생복을 입은 채로 나오기가 쉽지만은 않을 터인데, 혹시나 남에게 불편을 주지 않을까 뛰쳐나온 것까지는 좋았는데 그다음은 실망스러웠다. 젊은이이게 고맙다고 해야지 하고 기회를 엿보았지만, 젊은이는 끝내 기회를 주지 않고 돌아서고 말았다.

내 가슴속에는 무한 그림을 그리면서 표현을 잘 못하는 경우가 많다. 진정 고마워해야 할 때 가슴속으로만 외치면 무슨 소용이 있겠는가. 그것이 남에게 전달되지 않고 표현이 되지 않을 때 과연 그 고마워하는 마음을 알아주겠는가.

어떤 사람이 슬픔에 처해 있을 때 같이 마음 아파하면서도 적절하게 위로해줄 말이 떠오르지 않을 때도 있고, 큰 상 받은 사람에게 축하를 해주어야지 하면서도 막상 그 앞에서는 적절한 단어가 떠오르지 않아서 전전긍긍할 때도 잦았다.

어느 모임에 한 친구가 가방을 들고 들어오자 꼭 채권 장사 가방 같다고 하자, 그 사람은 '그래, 채권 장사 눈에는 내 가방에 채권이 들어 있을 것으로 보일 테지만 학문을 연구하는 사람 눈에는 큼직한 백과사전이 들어 있을 것으로 보일 것인데….'라고 해서 한바탕 웃은 일이 있다.

태조 이성계가 무학대사를 가리켜 대사는 살진 돼지 같소이다. 라고 농을 건네자 무학대사는 빙그레 웃으며 대왕님께서는 부처님으로 보이십니다. 라고 응수한 말은 지금까지 널리 전해오고 있다.

장소와 분위기에 따라 적절한 말을 골라서 하는 것도 일종의 기술이요 능력이다. 청산유수처럼 말 잘하는 사람을 보면 부럽다.

삼일공원

민족대표 33인 중 이곳 삼일공원에 세워진 다섯 분의 동상에서 눈물이 흘러내린다. 다른 사람들은 빗물이라고 하겠지만, 나라 잃은 설움에 북받쳐 흘리던 눈물이고, 조선의 독립을 외치며 흘렸던 눈물로 보인다.

전혀 그칠 기미가 보이지 않는다. 오늘 행사를 주관한 관계자들 얼굴에 안타까움이 배어나고 있다. 비가 오지 않았다면 더 많은 시민이 참여해 엄숙한 행사가 될 터이지만, 하늘도 그날의 참상을 기억하고 슬퍼하는 것이리라.

91년 전 오늘, 많은 동포가 거리로 뛰쳐나와 만세를 부르다가 일경의 총칼 앞에 쓰러졌음을 우리는 잊지 않고 있다. 그때 나라를 되찾기 위해 목숨을 바친 수많은 애국지사와 동포들의 눈물이지 싶다.

이곳 삼일공원에는 충청북도 출신 의암 손병희 선생, 우당 권동진 선생, 청암 권병덕 선생, 동오 신홍식 선생, 은재 신석구 선생, 청오 정춘수 목사 여섯 분의 동상이 서 있었다. 선열들의 숭고한 넋을 기리고, 후손에게는 3·1정신의 산 교육장이 되게 함이었다.

민족대표 여섯 분 중 정춘수는 3·1운동 후 변절하여 민족지도자로서의 품위를 잃었다 하여 1996년 2월 8일 시민단체에 의해 동상은 철거되고 좌대만 남아 있었다. 세월이 흘러도 역사는 반드시 단죄하는 냉혹함을 보여주고 있다. 그리고 친일은 자손들에게까지 영향을 미치는, 해서는 안 될 일임을 역사는 증명하는 것이다. 어쩌다가 저리 되었을까. 철거되기 전, 여섯 분의 동상이 나란히 서 있는 모습은 보는 사람으로 하여금 존경심이 우러나오게 했었다. 물론 정춘수의 친일 행각이 드러나면서 동상을 향해 손가락질하는 이도 있었다.

정춘수의 동상 철거 문제를 두고 시민과 재야단체들의 열띤 공방전이 벌어졌던 일이 있었다. 시민단체에서는 친일 인사의 동상을 그대로 둔다는 것은 있을 수 없는 일이라며 강력하게 철거를 주장했고, 시(市)에서는 좀 더 알아보고 철거를 해도 늦지 않다는 주장이었다. 모 단체에서는 철거만이 능사는 아니며, 동상은 그대로 두되 이러한 친일 인사도 있었다고 후세에 알려야 한다는 주장이었지만 설득력이 약했는지 중재안은 되지 못했다.

정춘수의 동상이 철거되던 날 방영된 뉴스는 지금도 생생하게 떠오른다. 성난 민중의 힘은 태산도 무너트릴 기세였다. 시민과 재야단체들에 의해 동상에 밧줄이 걸리고 '영차영차' 하는 고함과 함께 땅바닥으로 떨어진 동상은 목 부분이 부러지고…. 화면 속에는 정춘수의 후손인지 아니면, 그를 옹호하는 사람인지가 정춘수의 활약상을 요약한 인쇄물을 나눠주며 어쩔 수 없는 일이었다고 항변하기도 했지만, 시민의 반응은 싸늘하기만 했다.

가끔 삼일공원에 올 때면 흉상은 없어지고 좌대만 앙상하게 남아 있는 모습이 보기 흉했었는데 이번 3·1절을 기해 시에서 대대적인 보수를 했다. 남아있던 정춘수의 좌대를 철거하고 다섯 분의 동상에 옷을 갈아입히고 새 단장을 한 것이다. 또한, 오른쪽에 3·1 독립운동의 상징인 횃불을 만들어 놓아 바라보고만 있어도 엄숙함과 강한 기운이 느껴졌다.

삼일공원은 우암산 초입에 자리하고 있어 청주시민에게는 휴식처요. 자랑거리이기도 하다. 공원주변을 천천히 한 바퀴 돌면 선열들의 뜨거운 함성이 들려오는 듯한 기운도 느껴져 가끔 찾아오는 곳이다.

91년 전 오늘, 아니 그 당시에 내가 살았었다면 어떤 모습으로 살아왔을까. 그 생각을 하면 오싹하게 소름이 돋는다. 헐벗고 굶주리는 것은 기본이요. 왜놈들의 등쌀은 또 얼마나 심했을까. 과연 왜놈들의 지시를 거역하고 살아올 수 있었을까. 일본식 이름으로 바꾸지 않고 내 이름 석 자를 온전히 간직하고 살아올 수 있었을까.

동포들이 태극기를 들고 '대한 독립 만세'를 부르며 거리로 뛰쳐나왔을 때는 덩달아 동포들의 뒤를 따랐으리라. 왜놈들의 총칼 앞에 쓰러져가는 동포들을 보고서는 겁에 질려 도망치지는 않았을까. 지금 같은 마음이라면 도망치는 비겁함은 보이지 않았을 것이라고 다짐해 보지만, 어찌 참

혹한 현실을 당해보지 않고 말만 앞세우랴.

독립운동을 하다 왜놈들에게 붙들린 애국지사들의 고초는 이루 다 헤아릴 수 없을 정도였다는 것은 삼척동자도 다 아는 사실이다. 나 같은 사람은 독립운동 반열에 끼지도 못했을 것이지만, 설령 독립군들에게 물이라도 한 사발 건넸다가 발각되어 붙들렸다면 어떻게 되었을까. 전기 고문과 물고문 몽둥이찜질을 견뎌내지 못하고 줄줄이 불었을지도 모른다.

'기미년 3월 1일 정오 터지자 밀물같은 대한 독립…' 울려 퍼지는 노래를 가만히 입속으로 따라 불러본다. 이제는 가사조차도 가물가물하다. 더구나 노래를 불러본 지는 언제인지 기억에도 없다.

총칼 앞에서도 나라를 되찾기 위해 노력한 선열들의 위대한 정신이 있었기에 오늘의 대한민국이 있었음을 그 누가 부인하랴. 간혹 이곳에 와 동상 앞에 서면 숙연한 마음이 든다. 그 이상은 하지 못하는 나 자신이 부끄럽기만 하다.

음덕

올해는 비가 자주 내려서 버섯이 많이 났다고 한다. 뒷집 애기 아빠는 속리산에 가서 송이버섯을 열 송이 넘게 따왔다며 싱글벙글이다. 남들은 그 잘 따오는 버섯을 나는 잘 따오지 못한다. 산은 자주 다녀도 등산로만 따라다니니 그런가 보다.

야생에서 자라는 것은 몸에 이롭다고 하니 이 가을이 다 가기 전에 버섯을 따다가 건강식으로 먹고 싶지만 쉬운 일이 아니다. 독버섯인줄 모르고 먹었다가 탈이 나 병원에 실려 가기도 하고, 식중독을 일으켜 사망했다는 뉴스도 자주 방영되니 아무리 몸에 좋은 음식이라 해도 골라 먹어야 할까 보다.

나도 산에 가면 등산로만 따라다닐 게 아니라 이제는 혹 버섯이 나지는 않나 하고 살피는 버릇이 생겼다. 어저께는 개인택시 하는 사람이 쉬는 날이라고 버섯을 따러 월악산으로 가잔다. 그분의 말을 빌리면 전에 그곳에 가서 능이버섯을 한 배낭이나 땄다는 게다. 남들이 따가기 전에 가야 한다기에 서둘러 새벽에 출발했겠다.

월악산 입구에 들어서니 입산 금지 현수막이 곳곳에 붙어 있고 그 옆에 입찰구역이라고 쓰여 있다. 무단출입 시 오십만 원의 벌과금을 물리겠다는 엄포성(?) 문구와 함께, 차를 세워놓고 그 내용을 해석하기 바쁜데 두툼한 옷을 입은 할아버지가 다가왔다. 아마 첫새벽부터 나와서 길을 막고 지키고 있었나 보다. 우리 행색을 보더니 이곳은 입찰구역이어서 들어갈 수 없으니 다른 곳으로 가란다.

국립공원을 송이버섯이 난다고 해서 입찰을 주고 일반인, 등산객들에게 불편을 주는 일은 잘못된 것 같다. 정말 입찰을 봤는지 아닌지는 확인해보지 않았지만 공연한 일을 가지고 실랑이하기도 싫고 해서 차를 돌려 나오고 말았다.

미륵사지 뒤편은 입찰구역이 아니란다. 이미 시간도 꽤 지체되었고 버섯을 딴다는 기대도 많이 저하된 상태였다. 땀을 뻘뻘 흘리며 산을 헤집고 다녀도 버섯은 보이지 않았다. 입찰구역이 아닌 관계로 사람들이 많이 다녔나 보다. 세 사람이 딴 버섯을 모두 합해도 작은 바구니 하나를 채우지 못할 정도였다. 돌아와서는 그 버섯을 끓여서 술을 꽤 먹었다. 공연히 산에 들여보내 주지 않은 사람들을 원망하면서.

이제 생각을 바꾸기로 했다. 산에 가서 버섯을 따면 다행이고 아니면 산행하는 것으로 만족하자고, 그렇게 생각하고 산에 가니까 마음이 편했다. 같이 간 사람들은 버섯을 더 따기 위해서 이리저리 마구 쏘다니지만 나는 그저 어느 봉우리를 목표지점으로 정해놓고 세월없이 올라간다. 어쩌다 재수 좋으면 남들이 보지 못하고 지나친 자리에 남은 밀버섯을 따는 운도 따른다. 내가 아는 버섯은 몇 가지 되지 않는다. 송이버섯, 싸리버섯, 능이버섯. 밀버섯, 참나무버섯, 전에는 버섯을 보면 무조건 다 따고 싶었는데 지금은 아니다. 오래 건강하게 살려고 따 먹은 버섯이 치명적인 해를 입힐 수도 있고, 실제 목숨을 잃는 경우도 간혹 있기 때문이다.

선영 밑 비탈진 곳에 과일나무를 심었다. 나무가 무럭무럭 잘 자라서 지난해에는 알밤을 몇 개 주워왔는데 올해는 꽤 여러 송이 달렸다. 전 같았으면 벌초할 때 과일나무 밑도 말끔하게 깎았는데 올해는 바쁘지도 않으면서 과일나무 밑을 깎지 못했다. 별로 할 일도 없고 심심하니 이제라도 나무 밑을 깎을 요량으로 낫을 준비해서 산으로 갔다.

묘소를 둘러보고 감나무 밑 잡풀을 깎으려고 하다 보니 참나무 그루터기에 노란 버섯이 옹기종기 엉겨붙어 자라고 있었다. 흔히 말하는 '참나무가다발'이었다. 어찌나 소담한지 배낭 속에 들어 있는 비닐봉지를 꺼내어 조심스럽게 따 담기 시작했다. 음지에서 자라서 그런지 무척 연약하다. 조금만 꼭 집으면 뭉개지고 갓이 부서졌다. 그곳만 그런가 하고 발밑에 있는 버섯을 따고 주위를 살펴보니 사방에 지천으로 널려 있다.

산소를 조성하면서 베어낸 참나무가 썩기 시작하더니 때를 맞춰 버섯도 나기 시작했나 보다. 나무 밑에 풀을 깎으러 간 본연의 일은 팽개치고 버섯 따기에 더 열중하게 되었다. 버섯을 따기 위해서는 풀을 헤집어야 했다. 그것도 가시덤불이니 손으로 헤집기는 어렵고 낫으로 플을 깎으면서 버섯을 따야 했다. 이런 경우를 '도랑 치고 가재 잡는다.'다고 하는가 보다. 처음에는 풀을 깎는다는 생각은 까마득하게 잊어버리그 버섯을 따기 위해 풀을 깎았는데 나중에 보니 버섯은 공짜였다. 아니 풀베기가 공짜였다고 말해야 할까.

허리를 펴고 사방을 둘러본다. 아직도 풀을 깎아야 할 곳이 너무 많았다. 작대기로 풀 섶을 헤쳐 보니 풀 밑으론 참나무 버섯이 많이 자라고 있었다. 저것만 다 따간다면 올가을 버섯 따러 가서 허탕친 일을 만회하고도 남을 성싶었다. 가지고 간 배낭에 버섯을 가득 따 담았다. 아직도 풀을 깎으며 버섯을 딸 자리는 많이 남아 있다. 오늘같이 깎는다면 이틀은 더 와야 할 것 같았다.

'잘 되면 제 탓이요. 못되면 조상 탓'이라는 말로 조상을 욕되게 하는 속담이 있다. 나는 이 속담을 '잘 되면 조상 탓이요. 못 되면 제 탓'이라고 고치고 싶다.

오늘 산소에 오지 않았다면 버섯을 딸 수 없었음은 자명한 일이다.

외나무다리

모니터에는 1962년 최고의 스타로 불리던 최무룡 김지미 주연의 영화 주제가 '외나무다리'의 전주곡이 흐른다. 흐드러지게 핀 복숭아꽃 사이로 나비가 나는 모습은 정말 내 고향처럼 정겹게 느껴지는 풍경이다.

"복사꽃 능금 꽃이 피는 내 고향, 만나면 즐거웠던 외나무다리…."

의도적인 일은 아니었다. 형의 눈물을 보려고 했던 일은 더더욱 아니다. 그 노래는 직장 선배인 형의 애창곡으로 이미 내 머릿속에 굳어있기에 무심코 그 노래를 입력했을 거다. 마이크를 잡고 노래 부르는 형의 모습이 무척 애절하게 느껴진다.

형은 보릿고개 넘기가 저승길보다 더 무섭다던 시절, 그 가난을 이기고자 월남 전투에 자원한 참전 용사다. 총알이 빗발치는 전장에서 용케 살아남아 귀국한 후에 월남에서 번 돈으로 농토를 장만했다고 했다.

마을을 둘러싸고 있는 높은 산, 그 앞을 졸졸거리며 흘러가는 냇물, 고샅을 벗어나면 살구나무와 복숭아나무가 들어선 밭 가장자리에 다다를 수 있었다. 알뜰살뜰 성실하게 농사짓는 형을 마을 사람들은 건실한 청년이라고 믿음직해 했다. 훌륭한 신랑감으로 여겼는지 형을 탐내는 동네 처녀들의 눈길도 자주 받았다.

봄바람이 귓전을 간질이고 복숭아꽃이 흐드러지게 피던 어느 봄날, 형은 이웃집 처녀와 복숭아나무 밑에서 백년가약을 맺었단다. 알뜰하게 살림하고 저축한 아내 덕에 농토도 마련하고, 성실한 군 생활을 인정받아 향토예비군 중대장의 중책까지 맡을 정도로 안정된 생활을 이어나가고 있었다. 딸만 넷을 낳았지만, 깨가 쏟아지는 행복한 시절을 보냈다.

호사다마(好事多魔)라고 했던가. 형의 행복했던 시간은 그리 오래가지 않았다. 그토록 사랑하던 아내가 막내딸을 낳다가 그만 명을 달리했다. 그 슬픔을 어이 말로 다 할 수 있을까. 그러나 마냥 슬픔에 젖어있을 수만은 없는 일이었다. 암죽을 끓여놓고 들일을 나가며 큰딸에게 막내를 부탁했다. 큰딸이라고 해봐야 초등학교 5학년이니, 형은 일하는 틈틈이 집을 들락거렸다. 그러자니 농사일이 제대로 될 턱이 없었다. 나가던 직장(향토예비군 중대장)도 접었다.

큰딸도 고생이었다. 어린 손으로 조석을 끓여 먹으며 학교에 다녀야 하고 집에 돌아오면 어린 동생들을 보살펴야 하고…. 정말 사는 게 고역이었다. 엄마 젖 한번 물어보지 못한 핏덩어리는 잔병치레도 잦았다. 울며 보채는 딸을 안고 잠 못 이루는 날이 늘어날수록 죽고 싶다는 생각도 여러 번 들었지만, 철모르는 딸들만을 남겨두고 차마 죽을 수는 없었다.

주위에선 새 식구 맞을 것을 권유했지만, 올망졸망한 딸들이 불쌍해 자신의 인생은 뒷전이었다. 사랑하던 아내를 앗아간 고향도 싫어졌다. 그럴 즈음 새로 얻은 직장을 청주로 옮길 기회가 왔다. 아내가 잠들어있는 곳을 떠난다는 것이 마음에 걸렸지만, 딸들의 교육을 위해서는 그 길밖에 없다고 생각했다.

다행히 큰딸이 고등학교를 졸업하고 살림을 도맡아 하면서는 어느 정도 숨통이 트였다. 나보다 네 살 많은, 이미 마흔 고개를 넘은 형의 가정사를 알게 된 것도 그 무렵이었다. 비록 술기운을 빌렸지만, 걸어온 길을 힘겹게 털어놓을 때는 내 가슴도 찢어지는 것처럼 아팠다. 그제야 웃음이라곤 찾아볼 수 없었던 차가운 표정이 이해되기도 했다.

마침 비슷한 처지의 여인이 주변에 나타났다. 나는 형이 그 여인과 가까워질 수 있도록 작은 힘이나마 보탰다. 하늘의 뜻이었는지 두 사람은 새로운 보금자리를 꾸렸다. 무척 다행스러운 일이었다. 형 얼굴에 웃음기가 도는 것을 그때 처음 보았다.

나는 형의 딸 결혼식 때마다 방명록 관리를 했다.

첫째 딸 결혼식이었을 거다. 신랑 집이 외지인 까닭에 결혼식을 마치고 돌아오는 차 안에서였다. 버스도 밀리고 지루하니까 누군가 마이크를 잡고 혼주에게 인사말을 하라고 했다. 인사말이 끝나자 기왕이면 노래도 한 곡 하라고 했다. 혼주가 노래 한 자락 하는 것은 당연한 일, 형은 노래방에 가면 꼭 부르던 노래, 외나무다리를 부르기 시작했다.

1절이 끝나기도 전에 형의 눈에 이슬이 맺히는가 싶더니 다음 노랫말을 이어 가지 못했다. 맏딸을 시집보내는 경사스러운 날 신부 친엄마의 빈자리와 고생하며 자란 딸의 어린 시절을 떠올려서일 게다.

그날 이후로는 노래방에 가서도 그 노래를 부르지 않으려 했다. 어쩌다 내가 습관대로 '외나무다리' 노래를 입력해 놓으면 마지못해 부르긴 하지만 꼭 눈물을 보였다.

세월은 흐르는 물과 같이 빠르다더니 엄마 젖 한번 물어보지 못하고 자란 막내딸도 어느새 가정을 꾸리고 아들을 낳았다는 반가운 소식이다. 그래서인지 형이 오늘은 '외나무다리'를 부르며 눈물을 보이지 않는다. 정말 세월 속에 모든 슬픔을 날려 보냈나 보다.

염색하면 준 청춘

몇 올 남지 않은 머리카락! 그나마 세력도 약한 놈이 하얗게 올라와서 영 보기에 마뜩찮다. 머리 염색하는 것을 게을리 하니 이놈들이 더 기승을 부린다. 머리에 조금씩 바르기 시작한 염색약이 이제는 머리 전체에 발라야 하는 지경에 이르렀다. 전에는 하얀 머리카락이 올라오면 세월이 어느새 이렇게 흘렀나 하는 생각을 하면서도 자연의 섭리이니 어쩌겠는가 하고 대수롭지 않게 생각했었다.

원래 적은 머리숱은 아니었다. 젊은 시절에는 지금처럼 듬성듬성한 게 아니라 모판에 모 자라듯, 또 다복솔처럼 꽉 들어찼었는데 이제는 자연사(?)한 머리카락이 더 많은 것 같으니 한심스럽다.

어느 날 친구들이 모인 자리에서 건강에 관한 이야기가 이어졌다. 몸 어느 곳이 안 좋았었는데 이제는 치료를 받고 좋아졌다느니 소화가 잘

안 되어 고생하고 있다는 등, 나는 내 머리카락에 대하여 조언을 듣고 싶어 했지만, 친구들의 머리카락도 제대로 남아 있는 사람이 몇 안 되니 공염불에 불과하다.

그런데 예외인 친구가 있었다. 이 친구 모발관리를 어떻게 했는지 지금껏 염색을 한 번도 해보지 않은 순수한 자연산(?), 부모님께서 물려주신 유산, 그대로라고 해 부러움을 샀다.

두피 관리를 잘하고 건강식을 챙겨 먹는다든지 하면 상당수 좋아질 수도 있으리라. 하지만 나는 이제 아니다. 달리 먹는 건강식은 없으나 굶지 않고 먹으니 영양이 부족할 리는 없을 터이다. 다만 성질 급한 게 화근이 아닌가 싶기도 하다. 내 자신 무슨 일이든 빨리하고 싶은데 잘되지 않으면 스트레스를 많이 받는 편이다. 고치려고 노력해 보았지만 타고난 천성이 어디 가겠는가.

앞에 있던 윤 이라는 친구는 염색을 자주 하는 편인데 부인이 염색약을 한 상자나 사다 놓아서 2~3년은 쓰겠단다. 그러면서 하는 말이 우리 모두를 웃기게 했다.

'머리에 염색하면 아저씨이고, 염색하지 않으면 할아버지'라고 한다는 유머가 나돈다는 것이다. 우스갯소리가 아닌, 맞는 말일 게다. 지금은 젊은 사람도 머리에 새치가 많아서 희끗희끗한 게 머리만 보아서는 나이가 지긋한 사람으로 생각할 수도 있다. 반면, 뒤에서 보면 머리숱이 많고 새까맣게 보여도 돌아선 모습은 인생 연륜이 덕지덕지 앉은 노인일 수도 있다. 그러니 우선 머리가 새까맣게 보이면 아저씨 호칭을 붙이고,

새하얗게 보이면 할아버지라고 부르는 것도 무리는 아니리라.

어느 때는 젊은 층으로부터 '어르신'이란 호칭을 들을 때가 있는데 나는 그 말 들을 때가 제일 곤혹스럽다. 어르신의 사전적 의미는 "남의 아버지를 높여서 이르는 말, 나이가 많은 사람을 높여서 이르는 말"이라고 되어 있다. 그런데 나는 그 말을 들으면 내가 마치 노인이 된 것처럼 느껴져서 싫다. 부르는 측에서 보면 당연하게 느껴지겠지만 한 번쯤은 생각해 봄직도 하다.

어느 자리에서 있었던 일이다. 나에게 '어르신'이라고 불러서 거북하기도 하고 또 분위기가 내가 너무 나이가 많은 것 같아 듣기에 어색했다. 그렇게 부르는 사람은 나에게 도움을 주기 위해 만난 사람이어서 좀 곤란했다. '나이 그렇게 많지 않으니 어르신으로 부르지 않아도 된다.'라고 했더니 그래도 예의는 갖춰야 하지 않겠느냐며 미안해한다.

나만 '어르신'이란 말을 듣기 싫어하는 줄 알았더니 나와 비슷한 연배의 몇몇 사람도 그런 말을 들으면 이상하다고 했다.

어느 산악회에서 울산바위를 간다고 해서 따라간 일이 있었다. 한 좌석에 앉은 분과 이런저런 이야기를 나누며 가는 중이었다. 그분은 내가 여행자 보험 용지에 주민등록번호 쓰는 것을 보고는 '참 좋을 때입니다.' 라며 나를 쳐다본다. 내가 보기에는 얼굴에 주름살도 없고 머리도 새까맣게 보여서 나와 비슷한 연배로 보였다. 그런데 '참 좋은 때라니?' 내 의중을 짚었는지 자신은 7학년(70세)이라고 해서 나를 깜짝 놀라게 했다.

겉으로 보기에는 10여 년은 젊어 보였다. 건강관리를 잘한 것이리라.

옷도 맵시 있게 입은 것은 물론 원색이어서 뒤에서 보면 젊은이로 착각하고도 남을 것 같았다.

'어르신 아주 건강해 보이십니다.'라고 했더니 그분 말씀이 '내가 제일 듣기 싫어하는 말이 어르신이란 말이라고 하며 그런 말을 들으면 힘이 쭉 빠진다고 했다. 아차, 싶었다. 나보다 훨씬 나이가 많아서 어르신이라고 했는데 나의 실수 아닌 실수였다. 상대방의 의중을 미리 짐작하는 혜안이 내게는 없었던 게다.

나의 옷을 살피고는 되도록 옷도 밝은색으로 입고 다니는 게 좋단다. 그래야만 나이 든 사람으로 취급받지 않는다는 게다. 일리 있는 말이기도 했다. 나는 원래 옷도 많지 않거니와 옷에 대해 신경 쓰지 않는 편이다. 그날도 단풍이 곱게 물든 가을철과는 관계없이 검은색 계통의 육거리 표(전통시장) 등산복에 낡은 배낭을 메었다. 유명 메이커 제품으로 깔끔하게 매무새를 낸 자신과 비교하면 칙칙하게 보였음은 당연할 것이다.

꼭 그의 말이 정답은 아닐지라도 이제 밝은색 계통의 옷을 입으려 노력하고 있다. 또 있다. 어르신이나 할아버지 소리를 듣지 않기 위해서 머리에 염색도 자주 해야겠다. 그렇게 하면 나도 아마 청춘으로 보이진 않을지라도 준 청춘쯤으로는 보이지 않을까 하는 기대감이 모락모락 피어오른다.

시무식

급할 것도 없다. 당장 무엇을 해야 할 일도 없으니 그저 오늘 하루 계획한 일만 생각하면 된다. 그리 생각하면서도 마음 한쪽 편에서는 자꾸 서두른다.

2015년 을미년 새해를 맞아 나름 제법 거창한 음모를 꾸몄다. 해마다 해오던 새해 첫날 등산을 연휴 끝난 오늘로 미룬 것이다. 전 같으면 어림도 없는 일이다. 그렇게 할 수도 없다. 오늘은 직장에 출근해야 하는 날이기에. 산을 오르는 사람도 보이지 않는다. 더없이 조용하고 편안한 마음이 든다.

등에 땀이 흐르는 것 같다. 어제까지만 해도 살을 에는 것 같던 날씨가 오늘은 한풀 꺾인 시어미 심술같이 온화하기만 하다. 쉬어가야겠다. 그래 지금껏 힘들게 올라왔으니 당연하지. 평생 일밖에 모르고 살아온

삶, 이제 좀 쉬며 뒤도 돌아보고 정리할 시간도 필요하겠지.

남매탑이 얼마 남지 않았다. 쌓인 눈이 꽁꽁 얼어있다. 연휴에 얼마나 많은 사람이 다녀갔는지 널따랗게 길이 나 있지만 여간 미끄러운 게 아니다. 그냥은 더 못 올라가겠다. 배낭 속에 있는 아이젠을 꺼냈다. 등산화에 아이젠을 덧씌우니까 한결 수월하다. 그래, 내가 힘들고 어려울 때 힘이 되어주고 나를 격려 내지 부축해 준 직장 상사 동료들의 얼굴도 떠오른다. 모두 고마운 얼굴들이다. 이제 현직에 남아있는 사람은 몇 안 될 거다.

계룡산의 힘찬 기운이 느껴진다. 언제나 그렇듯이 오늘도 쏴 한 기운이 온몸에 전해진다. 늘 그 자리에 서 있던 남매탑이 오늘은 더욱 새롭게 느껴진다. 배낭을 벗어놓고 두 손을 가지런히 모은 다음 고개를 숙였다. 마음이 편안하다. 지금까지 지고 온 탐욕을 내려놓는다. 하지만 그 탐욕은 곧 다시 내 뇌리로 파고든다. 이제 뭘 하지? 하고.

계룡산과는 인연이 남다르다. 계룡산을 처음 찾은 것은 오래전 정월달에 어머님을 여의고서였다. 그날도 오늘처럼 눈이 쌓여있었다. 어머님을 잃은 슬픈 마음을 추스르며 대웅전에 참배하고 이곳 남매탑을 향해 올라왔었지. 그날의 아픈 마음은 「玉水에 발을 담그고」란 수필로 태어나 청탁 1호 작품이 되기도 했다.

그 인연으로 해서인지 가끔 계룡산에 왔었고 오면 언제나 남매탑까지 다녀가곤 했다. 두 번째 인연은 딸아이 대입 수능 시험을 앞두고였다. 성적이 별로여서 여간 걱정이 아니었다. 그때에는 산행할 줄 모르는 아내까지 데리고 이곳을 찾았었다. 그날도 대웅전 참배를 마치고 이곳 남매탑 주위를 아내와 둘이서 딸아이의 높은 점수를 기원하며 말없이 돌았었다. 그 영험으로 딸아이는 명문은 아니지만, 어렵게나마 대학교에 입학할 수 있었다. 남매탑은 언제나 나를 빈손으로 돌려보내지 않았다. 그날 남매탑이 나에게 주신 선물은 「고3 부모는 죄인」이란 작품이었다.

2년 전인 2013년 새해 첫날도 이곳 남매탑을 찾았었다. 그날은 어찌나 사람이 많은지 한참을 기다려서야 남매탑에 예를 올릴 수 있었다. 그때 주신 선물은 「남매탑」으로 지역 일간지에 게재되기도 했다. 이렇듯 마음이 언짢거나 힘들 때 계룡산을 찾아오곤 했다. 그때마다 계룡산은 내 마음을 차분하게 가라앉히며 다독여주곤 했었다.

오늘은 그전과는 달리 새로운 마음가짐을 다지기 위해서다. 이제 나갈 직장도 없고 하니 내 마음이 나태해질까 두려워서다. 그래서 오늘 산행 목적을 신년 시무식이라 이름 붙였다.

출근할 곳이 없다고 게으름을 피우지 말 것이며, 매일 도서관에 가서 책을 읽고 글 쓰는 일도 게을리하지 말 것이며, 꾸준한 운동으로 내려가려는 체력도 붙잡아 두리라 마음의 다짐을 받는다.

오늘도 남매탑은 나에게 「시무식」이란 선물을 주었다. 기쁜 마음 그지없다. 고마워하는 내 마음과는 달리 특유의 그 무덤덤함으로 나를 지켜볼 뿐이다. '그 맹세가 얼마나 가나 두고 볼 일이다.' 라고 하시는 듯.

독도에 소나무를

우리나라 본토에서 가장 멀리 떨어진 섬, 영토의 동쪽 끝!

하얀 깃털을 자랑하며 끼룩끼룩 날아다니는 괭이갈매기의 한가로운 모습이 평화롭기만 하다. 성난 파도를 조롱하듯 기기묘묘한 암벽 사이를 자유자재로 넘나드는 모습도 부럽다. 그들은 서도와 동도를 자유로이 오가는가 하면 하늘 높이 날아오르는 녀석도 있다. 내 앞에 있는 TV 화면에서 보여주는 독도 풍경이다.

나는 지금껏 독도에 가보지 못했다. 그 이유야 구구하지만, 모두 핑계에 불과하다. 내 나라 내 땅을 사랑하는 마음이 부족하기 때문이라고 하는 편이 더 솔직하지 않을까 싶다.

독도는 어떻게 생겼을까? 지금 TV에서 독도의 모습이 방영되고 있으니 실물을 보는 것이나 다름없다고 하겠지만, 그래도 궁금증은 여전히 남아 내 머릿속을 복잡하게 한다.

독도에는 어떤 식물들이 살아갈까. 왜 TV에 나오는 독도에는 무궁화 꽃이 보이지 않을까. 고양이나 산토끼 같은 들짐승도 있을까. 여러 가지 의문점이 든다. 조금만 노력해서 문헌이나 참고자료를 찾아보면 그 해답을 얻을 수 있겠지만 그래도 백문이 불여일견이라 했으니 실제 가보는 것만큼이야 하겠는가.

독도는 붉은 오목눈이 새의 둥지처럼 보듬고 끌어안을 줄만 알았지 자신에게 불리하다고 화를 내거나 상대방에게 그 앙갚음을 할 줄 모르는 천진무구한 섬이다. 왜 아니겠는가. 우리 조선 사람들은 남을 해코지할 줄 모른다. 아니 하려고 하지도 않았다. 설령 억울한 일이 있어도 안으로 삼키며 그것을 이겨내려고 애썼다. 그렇게 조선의 기(氣)가 흐르는 땅이니 남에게 베풀고만 살았지 싶다.

일본은 뻐꾸기보다도 몇 배나 더 잔인한 일을 저질렀다. 뻐꾸기는 오목눈이 새의 둥지에 몰래 알을 낳아놓고 품어 부화시켜 주기만을 기다린다. 하지만 일본은 아니었다. 36년 동안 남의 나라에서 온갖 악행을 저지른 것도 모자라 이제는 엄연한 대한민국의 땅 독도를 자기네 나라 영토라고 우기고 나선다. 참으로 철면피한 사람들이다. 그 모습은 어처구니도 없고 화가 나기도 했지만, 스스로 독도를 조사해보고 자세히 공부한 적이 없으니 나 자신 참으로 부끄럽다.

대한민국 국민이라면 누구나 같은 생각이겠지만, 나도 독도가 대한민국 땅임을 세상에 더 널리 알릴 필요가 있다고 생각한다. 그러기 위해서는 독도에 무궁화나무를 심고 싶다. 또 있다. 우리나라 소나무를 심어서 잘 키우고 싶다.

화산활동에 의하여 분출된 알칼리성 화산암으로 이루어진 독도! 산 정상부에서 풍화하여 생성된 사질양토에는 어떤 식물이 잘 자랄까? 더구나 급경사를 이루었기에 묘목 선정하기도 쉽지 않을 것 같다. 하지만 우리나라에는 인재들이 많다. 그들에게 의뢰한다면 강한 해풍과 척박한 토양에서도 잘 자라날 수 있는 우리나라 소나무도 길러 내리라.

또 있다. 우리나라 고유의 냄새, 청국장이나 막걸리 냄새가 날 수 있게 만들고 싶다. 그러기 위해서는 독도에 민간인이 많이 거주해야 가능한 일이다. 지금 홀로 거주하고 있는 주민 김성도 씨는 얼마나 외로울까? 그를 위로하기 위해서가 아니라 독도가 대한민국의 땅임을 확고하게 하기 위해서도 더 많은 민간인의 거주가 필요하다. 독도에는 독도의 역사와 우리 땅을 지키기 위해 힘쓰셨던 독도 의용수비대원들의 넋과 혼이 스며있다. 그들의 활약상을 우리 국민 그 누구도 가벼이 여기지 않았을 것이다. 그렇게 오랜 세월 철통같이 지키고 있는 독도경비대가 생활하고 있지만 그래도 민간인과는 구분되고 있을 것 같다.

신라 진흥왕(512년) 시대부터 우리나라의 영토였던 독도가 일본으로부터 압박을 받게 된 것은 국력이 약했기 때문이지 싶다. 외세에 휘둘리지 않기 위해 인재를 양성하고 국력을 키우는 것이 독도 문제를 해결할 최선의 방안이라고 생각한다.

내가 만약 경상도를 통치하는 사람이라면, 아니 다른 사람도 그만한 능력이 있으면 무방하겠다. 전국 초·중·고에서 학년당 1명씩 선발해 매년 독도로 초청하겠다. 그리하여 우리나라 땅 독도에 관한 교육과 관광을 시키고 애국심을 길러주고 싶다. 그러면 독도를 사랑하는 마음도 더 생기고 우리나라 역사에 대한 관심도 높아질 것으로 기대된다. 그것은 미래에 대한 확실한 투자이다. 그렇게 하려면 어느 정도의 예산이 들어가리라 본다. 당장은 어려움이 있을지 모르겠으나 그리 힘든 일은 아닐 것이다.

독도를 마음속에 담아두고 자라난 우리의 2세들은 언젠가 있을지도 모르는 일본의 우기기 작전, 독도는 일본 땅이라고 할 때 아니라고, 전혀 사실무근이며 독도는 분명한 대한민국의 영토이기에 독도에 대한 영유권 분쟁은 있을 수 없다는 입장으로 단호하게 대처하리라 .

또 있다. 지금 세계 각처에서 발견되는 독도가 조선의 영토였다는 고문서(古文書) 또는 설(說)이나 자료 등을 정리하고 잘 갈무리한 다음 몇 천 년이 지나도 변하지 않을 타임캡슐에 넣어서 독도의 바다 한가운데 묻어두고 싶다. 먼 훗날 우리의 자손이나 일본의 자손들이 그 문서를 발견하면 독도는 일본의 영토가 아니고 대한민국의 땅이었음을 인정하게 될 것이기에.

아! 올해는 독도에 꼭 가보고 싶다.

故 양주석 선생 영전에

『용고새』를 다시 읽으며

서가에 꽂혀 있는 수필집 『용고새』가 한 눈에 들어온다. 고(故)양주석 선생의 저서다. 책을 펼쳐드는 순간 만감이 교차한다. 이 수필집을 상재하며 기뻐하던 모습이 어제인 듯 생생하다. 아직 이승을 하직할 나이가 아닌데…. 책 표지 용고새 사진이 마치 용이 꿈틀거리며 하늘로 올라가는 듯하다.

출간 기념식은 로얄관광호텔에서 했다. 2층 연회장은 문인, 친지, 동료, 친구들로 가득 메워졌다. 책 배부하는 것을 정리하고 안으로 들어갔을 적엔 이미 식이 거의 끝나갈 무렵으로 축가를 부르는 순서였다. 초대된 미모의 여인이 노래를 끝내자 저자의 친구들이 일어나 '누이'를 합창하기 시작했다.

식장 안에 가득 울려 퍼진 노래 '누이'는 모두의 가슴을 훈훈하게 녹여

주었다. 선생은 남매의 정이 유난히도 돈독한 분이셨다. 그의 저서 『용고새』 160쪽에 있는 「누님 생각」을 다시 읽어본다. 어렵던 시절 동생들을 위해 초등학교만 졸업하고 집안일을 도와야 했던 누이의 사연을 가슴 시리게 토로한 작품이다. 비단 선생의 누이뿐이랴. 우리네 누이들의 아픔이기도 해 지금 읽어도 가슴이 짠하게 울린다.

모임에서 술이라도 한잔 하고 노래방을 가면 '누이'를 자주 불렀다. 그렇다고 선생이 노래를 잘 부르는 그런 스타일은 아니었고, 분위기를 깨지 않기 위한, 남을 배려하는 마음에서라는 것을 나중에야 알았으니 나도 꽤 둔한 사람이다. 노래 못하기는 둘이 양보하기 어려운 처지였으니 서로 먼저 하라고 떠다밀기 일쑤였다. 그래도 선생이 나보다 두 살 위이니 억지로라도 먼저 불러야 했다. 술이 거나하면 노래가 좀 잘 나오는데 맨송맨송하면 노래 부르는 것을 달가워하지 않아서 마지못해 따라나서곤 했다.

선생은 충북수필문학회 창립 주역이었지만 나는 3년 후에 입회했다. 처음 들어간 문인들의 모임은 나를 어리둥절하게 했다. 조용조용한 말씨, 흐트러짐 없는 몸가짐, 모두가 어렵게만 보였는데 선생만큼은 그런 햇병아리의 마음을 읽었는지 가까이 다가와 보살펴 주고 문단의 흐름도 이야기해주는 자상함을 보였다. 나와 성격이 비슷해서일까. 선생과 나는 모임이 끝나고도 따로 만나 술 한 잔씩을 주고받는 가까운 사이로 발전했다.

5대(1993년) 임원 개편 때에는 회장에 김홍은 교수가 연임되었고, 부

회장에 현 회장인 박영자, 주간에 선생이 선출되었다. 선생이 주간을 맡아 동인지 내는 일을 총괄할 때 나는 총무(당시는 사무국장, 재무는 없었음)의 일을 맡았다. 그런 인연으로 해서 둘은 더욱 자주 만났었고 술 마시는 일도 잦았다. 두주불사(斗酒不辭)란 말은 선생에게 딱 들어맞는 말 같았다. 나는 소주 반 병만 마시면 얼굴이 홍당무가 되는데 선생은 언제나 한결같은 자세였다. 그래서 선생의 이름을 흉내 내어서 양주만 마시는 사람하고 소주만 마시는 사람하고 똑같이 마시면 안 되니까 더 드시라고 떼 아닌 떼를 쓰던 일도 주마등처럼 스쳐 지나간다. 선생이 술을 얼마나 잘 마셨는가는 다음 글을 읽어보면 짐작이 가리라.

> 지난 방학에 대만의 자매학교를 방문하였다. 가는 곳마다 정통요리의 만찬을 베풀어 환대하여 주었다. 술 상무격인 젊은 선생, 학부모 대표, 교지편집장 같은 분들이 나와서 대작(對酌)을 하는데 60도의 죽엽청주를 계속 건배의 "깐베이"를 연발하였더니 그들은 반만 든다고 "수에이"하며 화장실에 가 넘어지고 의자에 곯아떨어졌다. (70쪽 미스터 태평양 중에서)

하지만, 그 누가 알았으랴. 퇴직 후에 만났을 때에는 그 좋아하던 술을 끊었다며 술을 드시지 않았다. 건강상의 이유라고만 했다. 일시적인 일이려니 했는데 그 후론 술자리를 함께하지 못했다.

'인명은 재천'이라고 했던가. 선생이 그렇게 빨리 하늘의 부름을 받을 줄은 꿈에도 생각 못했다. 아마 하늘나라에서도 선생같은 수필가가 필요했으리라.

오곡이 영글기 시작하는 9월 3일 뇌혈관 질환으로 이승을 떠나 고향인 음성군 삼성면 선정리 선영(先塋)에 잠든 선생의 명목을 빈다.

천상의 복 누리소서.

5

알똥 미안해

- 장미꽃 다섯 송이
- 한복
- 녀석들은 제왕
- 벌초(伐草)
- '알 똥' 미안해
- 떠나가는 애마
- 주변머리도 없는 사람
- 반 토막 난 생선

장미꽃 다섯 송이

지금껏 살아오면서 남에게 꽃을 선물한 일은 있지만, 가족에게는 한 번도 꽃을 선물한 기억이 없다. 해마다 맞는 아내의 생일, 아이들 학교 입학이나 졸업식에도 그랬다. 바쁘다는 핑계로 거의 참석하지 못했고 아내가 축하해 주는 것으로 대신했다.

내 생일이나 결혼기념일, 가족의 생일도 일일이 기억하지 못하고 크게 관심을 둬보지 않았다. 어느 해인가 아침 반찬이 남달라 아내를 쳐다보자 오늘 자기 생일이잖아 라고 해서 멋쩍게 웃은 일도 있었다. 그런 나에게 아내는 서운함이 많았겠지만, 속내를 보인 적이 없다. 돌이켜 생각해보니 분명히 멋없는 남편, 빵점 아빠였다.

아내의 생일을 기억하지 못하는 바람에 지나고 나면 미안했다. 그때마다 내년에는 꼭 기억해야지 하면서도 작심삼일에 그치고 말았으니 내가 생각해도 한심하다. 올해는 책상 위 달력에 표시해놓고 몇 번인가 날짜를 되뇌었다. 이번에도 아내의 생일을 그냥 넘긴다면 가장의 체면도 말이 아니려니와 양심이 허락하지 않을 일이었다. 내년이면 아내가 태어난 해 이어서 신경이 더 쓰였다.

아내의 생일을 앞두고 동생들 가족이랑 미리 모여서 저녁 식사를 했다. 그러고 보니까 정작 당일은 쓸쓸했다. 그래서 외식을 하자고 했더니 날씨도 스산하고 미리 했으면 되었지 두 번씩이나 나가서 먹을 필요가 있느냐며 싫다고 한다. 싫다는 주인공의 의사를 무시하기도 그렇고 어쩔 수 없이 그러자고 했지만, 마음은 영 허전했다.

텔레비전 연속극을 보면 배우자의 생일에 깜짝 이벤트 하는 게 가끔 나온다. 아내나 남편이 평소 갖고 싶어 하던 물건을 사서 선물 한다든가, 또 나이 숫자만큼의 장미꽃을 선물하는 등, 그런 장면이 나오면 아내는 부러워하는 기색이 역력했다. 그럴 때마다 나는 슬며시 채널을 돌리곤 했다. 그런 애정 공세는 젊은 사람들이나 하는 것으로 생각했으니 나이도 많지 않으면서 구시대(?) 사람 소리 듣는 게 당연한지도 모르겠다.

얼마 전부터 오후에만 지인 가게 일을 도와주고 있다. 남아도는 시간이 지루했었는데 일거리가 생겼으니 도랑 치고 가재 잡는 격이나 마찬가지다. 어느 때는 오후에 손님이 없어 책장이나 뒤적이다가 시간만 채우고 오는 때도 있지만, 요즈음은 성수기라 손님들이 많다.

오늘도 바쁘게 일하다가 퇴근하니 딸아이는 이미 학교에서 돌아와 있었다. 내가 빈손으로 들어오자 이리저리 살핀다. 아마 제 엄마에게 줄 선물을 사가지고 오지 않았나 하는 눈치 같았다. 용돈을 모아 깜짝 선물을 하는 딸아이이기에 이번에도 그냥 넘어가지 않았을 게 분명했다.

지금껏 고생만 한 사람에게 선물은 고사하고 평소에도 따뜻한 말 한마디 건네지 않은 게 마음에 걸렸다. 그렇다고 지금 선물을 사려고 시내에 나가기에는 너무 늦었고, 조그마한 케이크나 사다가 축하해 주자는 마음이 들었다. 딸아이 방에 들어가 그 이야기를 하자 무척 좋아한다.

얼마 후 돌아온 딸아이 손에는 케이크와 장미꽃 한 다발이 들려 있다. 얼른 제방으로 가져다 놓은 다음, 생일날에도 가족의 저녁을 준비하는 엄마를 거들어 수저와 반찬도 꺼내 놓는다. 딸아이가 눈을 찡긋하며 입으로 무슨 말인가를 하는데 아마 꽃을 직접 건네주라고 하는 것 같았다.

마음은 내키지 않았지만, 딸아이가 시키는 대로 꽃을 내밀었다. 아내의 눈이 등잔만 해졌다. 그러면서도 반신반의하는 눈치였다.

"이 꽃 정말 당신이 사 온 거 맞아요?"

답변이 궁해 빙그레 웃으며 돌아서는데 아내의 말이 뒤통수에 와 멎는다.

"웬일이에요. 내일은 해가 서쪽에서 뜨겠네. 세상 하지 않던 일을 다 하고…."

아내의 입이 함박만 하게 벌어졌다. 장미꽃 몇 송이에 저리 감격할 줄이야. 오늘 내가 한 일이 서쪽에서 해가 뜨는 것만큼이나 일어날 수 없는 일이었단 말인가. 저렇게 좋아하는 것을 보니 가끔은 서쪽에서 해가 뜨는 일을 하는 것도 나쁘지 않을 것이란 생각도 든다.

"아빠, 그런데 왜 장미꽃이 다섯 송이야?"

딸아이가 능청을 떤다. 나중에 들은 이야기이지만 케이크를 사고 남은 돈으로는 장미꽃을 다섯 송이 밖에 살 수 없었단다. 돈이 모자라 덤으로 한 송이만 더 달라고 해봤지만 거절당했다고 하니 마음이 짠했다.

"여기 한 송이 있잖아!"

아내가 자신을 가리키며 분위기를 돋운다.

"나는 당신 나이 먹는 게 싫어, 그래서 다섯 송이만 샀어."

"생일 축하합니다. 생일 축하합니다. 사랑하는 우리 엄마 생일 축하합니다.…."

딸아이의 생일축하 노래가 주방 가득 울려 퍼졌다.

한복

거리에 한복을 예쁘게 차려입은 사람들의 모습이 듬성듬성 보인다. 민족 최대의 명절 설날을 맞아서인가 보다. 텔레비전에서 뉴스를 진행하는 아나운서의 의상도 한복이다. 참 멋스럽다. 남자 아나운서보다는 여자 아나운서의 한복 입은 맵시가 더 돋보인다. 옛날 어른들 같았으면 며느리 삼고 싶다는 소리가 몇 번쯤 나왔을성싶다.

꼭 미남미녀가 아니더라도 한복 입은 모습은 참신해 보인다. 나이가 어려도 의젓해 보인다. 은은한 자태를 뽐내며 차름하게 한복을 갖춰 입은 사람을 보면 따스한 정감이 느껴진다. 어린아이들이 한복 입은 모습은 더 귀엽고 앙증맞다. 내 자식이 아니어도 꼭 껴안아주고 싶은 마음마저 든다.

나는 어려서도 한복을 입은 기억이 없다. 우리 집이 잘 살아서가 아니고 그저 값싼 옷을 해 입히다 보니 그리되었을 것이다. 어려서 동네 친구들이 바지저고리에 솜을 넣은 옷을 입고 나오면 무척 따뜻하게 느껴졌었다. 그 친구들이 부럽기도 했지만, 내가 입고 다니던 바지나 점퍼 따위가 더 편했다.

나이가 점차 들면서 한복이 입어보고 싶어졌다. 내 마음을 어떻게 알았는지 아내가 한복을 한 벌 맞추어 가지고 왔는데 값이 만만치 않았던 것 같다. 그때가 한복을 입은 최초의 기억이다. 처음 대한 한복은 매력이 있었다. 피부에 닿는 감촉도 좋았다.

부끄러운 이야기이지만 지금까지도 한복 입는 법을 제대로 모른다. 그것은 나의 게으른 천성 탓이기도 하겠지만 고작 1년에 한두 번 입으려고 신경 써가며 입는 법을 익히려 하지 않은 나의 잘못도 크다.

바지를 입어보니 헐렁한 게 내 몸 둘은 들어가도 될 성싶었다. 허리띠를 꽉 잡아매어도 자꾸만 꼴막(고의춤)이 내려가서 여간 신경쓰이는 게 아니었다. 그래도 허리띠는 아무렇게나 매어도 남이 볼 리 없으니 괜찮지만, 대님 매는 게 문제였다. 퍼질러 앉아서 안쪽 복숭아뼈에 바지 깃을 대고 왼쪽으로 돌려보기도 하고, 오른쪽으로 돌려보기도 해보지만 영 성하기는 매한가지였다.

저고리는 옷고름 매는 게 더 어려웠다. 남들은 고가 반듯하고 모양 있게 매어지는데 내가 매어보면 어느 때는 한쪽 옷고름이 너무 길거나 짧고, 꼬이고, 또 풀어지지 않아서 쩔쩔매던 때도 있었다. 저고리 위에 조끼를 입고 그 위에 마고자를 입으니 옷고름은 대충 매어도 넘어갈 수 있어서 그나마 다행이었다.

자연 한복으로부터 마음이 멀어지기 시작했다. 설날이나 추석명절 등 특별한 날이 아니면 입기가 싫었다. 그러다가 언제부터인가 설날에만 입기로 했다. 역시 낯설기는 마찬가지다. 설날 아침, 큰집에 가야 할 시간은 다가오고 몸은 달고 하는 수 없이 아내를 부른다. 그 나이가 되도록 한복 입는 법도 모르느냐는 듯 쳐다보는 시선이 따갑다. 매번 아내의 잔소리를 들어가며 한복을 입어야 하니 싫증이 느껴졌다. 자주 입는 것도 아닌데 그때마다 남의 손을 빌리기가 싫어졌다.

한번은 집에 다니러 온 누님께서 나와 동생에게 한복을 한 벌씩 해줄 테니 한복집에 가자고 한다. 나는 있는 한복도 자주 입지 않고 고작 1년에 한 번 입는 것이니 하고 싶지 않다고 했다. 속마음은 거추장스럽고 입기 불편한 것을 굳이 또 해 입을 필요를 느끼지 않았기 때문이다. 하지만, 누님의 생각은 달랐다. 한복을 입으려면 갖춰서 입어야 한다는 게 누님의 지론이었다.

지금은 모든 게 서구화되고 신문물이 들어와 그렇지만, 남자는 바지저고리 위에 두루마기를 입어야 한복을 제대로 입은 것이라고 한다. 예의를 갖춰 웃어른께 인사를 할 때는 반드시 두루마기를 입어야 하지만, 여자는 반대로 두루마기를 벗어야 한단다. 여자들의 두루마기는 양장차림에서 외투에 해당한다는 것이다. 그러니 실내에서 웃어른께 인사를 올릴 때 벗고 인사를 하는 것이 예의라는 것이다. 남자는 한복 위에 두루마기를 입지 않는다면 와이셔츠 차림에 카디건을 걸친 격이나 마찬가지라는 게 누님의 설명이었다.

혹을 떼려다 붙인 격이었다. 바지저고리 입는 것도 고역이었는데 이번에는 두루마기까지…. 양복은 편리하고 몸에 착 달라붙어 좋지만, 한복을 갖춰 입어야 할 때도 있다면서 굳이 두 형제 의견을 잠재웠다.

설날에 두 형제가 한복을 입고 가면 자리도 많이 차지하고 자연 걸음도 느리다. 또 사람들의 시선도 많이 받는다. 나이도 많지 않으면서 노인(?) 같이 입었다고 쳐다보는 것 같다. 남들이 한복을 입으면 멋있고 근사하게 보이는데 내가 입고 있으면 꼭 남의 옷 빌려 입은 것 같은 기분이 든다.

지난해까지는 추석 명절은 아니어도 설날에는 한복을 갖춰 입고 차례를 지냈었는데 이젠 불편해서 입지 않는다. 우리 옷이 왜 이리 낯설까. 우리 조상은 이 옷을 입고 일상생활을 했는데 나는 불편하기만 하다. 내가 편하자고, 우리 고유 의상을 입지 않으려 하는 나는 민족의식이 부족한 사람이 분명하다.

녀석들은 제왕

이번 어린이날에는 녀석들이 오지 못한다고 한다. 한 달에 두 번 다녀가려니까 시간적 여유가 없나 보다. 녀석들은 안하무인이다. 무엇이든 해달라면 해주어야 하고, 사달라고 하면 사주어야 한다. 목마도 해주어야 하고 좋아하지 않는 피자도 같이 먹어주어야 한다. 그래도 자주 오면 좋은데 주말쯤에 오겠단다.

계절의 여왕답게 상큼한 기운이 감돈다. 산성을 향해 걷는 발걸음이 가볍기만 하다. 춥고 칙칙하던 기나긴 겨울이 언제 있었느냐 싶다. 청잣빛 하늘도 무척 싱그럽다. 5월은 가정의 달이어서 더 푸르고 높아 보일 것이다.

붉은 입술을 내밀고 요염한 자태를 마음껏 뽐내는 철쭉이 오늘따라 더 아름답다. 그에 질세라 하얀 튀밥을 주저리주저리 안고 누가 부르면 금방이라도 달려갈 것처럼 채비를 한 조팝나무 꽃 또한 아름답기 그지없다. 천천히 걷는 발걸음에 싱싱한 초록의 물결도, 솔향기도 따라붙는다.

가족 단위의 상춘객이 많이 보인다. 어린 아기 손을 잡고 천천히 걷는 젊은 부부의 얼굴은 이 세상 다 얻은 것처럼 행복해 보인다. 저 얼굴은 분명히 희망에 찬 자신 있는 얼굴이다. 저 어린이가 올곧게 성장하여 한 집안의 가장이 되고, 더 나아가 나라에 꼭 필요한 인재가 되기를 기대해 본다.

성곽 주변에는 고산철쭉이 한껏 부푼 꽃망울을 터트릴 준비를 하고 있다. 활짝 피어도 화려하지 않은 꽃이 고산철쭉이지 싶다. 수수하고 은은한 자태가 우리나라 여인의 모습을 닮은 것 같아 더욱 친근하게 느껴진다. 힘들고 서러워도 겉으로 드러내지 못하고 안으로만 삭여온 조선의 여인들처럼 말이다. 그래도 그 여인들은 무럭무럭 자라나는 자식을 바라보며 어렵고 힘든 고비를 잘 참아왔다. 아니 자식을 위해서라면 자신의 안위는 안중에도 없었다. 자식을 위해서라면 불구덩이도 무서워하지 않은 게 우리 어머니들이다.

소나무 밑에 숨어 있던 참꽃도 아는 체를 한다. 지대가 높아서 이제 얼굴을 내밀었나 보다. 어려서는 진달래가 앞산을 붉게 물들이면 또래 아이들과 참꽃을 따 먹으러 다니곤 했었다. 어른들은 행여 우리가 다치기라도 할까봐 참꽃 속에 문둥이가 숨어 있다가 잡아간다고 했지만, 참꽃의 유혹을 뿌리치지는 못했다. 지금 생각하면 참꽃이 무슨 맛이 있었는지 기억에도 없다. 단지 배고픔을 이겨보자는 여린 마음은 어른들의 만

류 작전도 효험이 없었지 싶다. 지금 아이들은 참꽃을 먹을 수 있다는 것을 알기나 할까. 녀석들이 오면 데리고 다니면서 시범을 보여야겠다. 하지만 방사능이나 다른 유해물질이 묻어 있을 수도 있으니 쉬 행할 일은 아니다.

5월에는 많은 꽃이 경쟁하듯 피어난다. 꽃 중의 여왕이라고 불리는 장미가 그렇고, 우리 집 화단에 피어 칭찬해주기를 기다리는 금낭화 또한 아름답기로는 둘째가라면 서러워할 거다. 5월은 그래서 생기 넘치고 모두에게 희망을 주는 달이다.

지난해 금낭화가 만발하고 매발톱꽃이 피었을 적 녀석들이 왔었는데 꽃은 예뻐하면서도 한쪽에 서 있는 철쭉나무 이름은 알지 못했다. 어찌 생각하면 당연한지도 모른다. 들로 산으로 뛰어다닐 시간은 고사하고 이슬이 촉촉이 내린 숲길을 걸을 기회도, 누렇게 익어가는 들판의 벼를 바라보는 일도 드물 것이니까.

중학생이 된 큰 녀석은 밤 열 시가 되어서야 학원에서 돌아온단다. 작은 녀석도 학원 공부를 하고 늦게야 돌아온다니 애들을 너무 혹사하는 것 같아 안쓰럽다. 마음껏 뛰놀 나이에 공부에 얽매어 자연과 더불어 지내지 못하는 녀석들이 가엾다. 방을 나서면 종일 삭막한 콘크리트 바닥 위에서 생활해야 하는 요즘 어린이들은 자연을 모르고 산다. 언제쯤 무슨 꽃이 피는지, 개구리는 언제쯤 알을 낳는지도 잘 모른다. 한번은 꼭 애들을 그렇게까지 학원 공부를 시켜야 하느냐고 넌지시 물어본 일이 있다. 지금 한 과목이라도 더 시키지 않으면 나중에 대학교 보낼 때 힘들고, 또 또래에 뒤떨어질 수 있으니 어쩔 수 없는 일이란다.

나 어려서는 학원이라는 것은 아예 모르고 자랐다. 그때에도 도시에는 있었을지 모른다. 설령 내가 사는 곳에 학원이 있다 해도 쳐다보지도 못했을 것이다. 십 리가 넘는 길을 걸어 다닌 처지에 학원 공부는 부유한 집안 자녀만의 전유물쯤으로 생각했을지도 모른다.

5일은 어린이들이 가장 기다리는 어린이날이다. 좋아하는 선물도 한 보따리 받는다. 그런데 나는 아직 선물을 준비하지 못했다.

언제 어디서고 제일 먼저 보호받아야 하고 구김살 없이 성장하도록 보살펴 주어야 한다. 어린이가 바르고 아름답고 씩씩하게 자라지 못하면 이 모든 책임은 어른들에게 있다. 이번에도 징검다리 연휴를 맞아 놀이공원 가는 길은 교통대란이 일어날 것이라고 텔레비전에서 겁을 준다. 아무리 그래도 사랑하는 자식들을 태운 차는 놀이공원을 향할 것이다.

녀석들이 빨리 보고 싶다. 이번에 오면 무엇을 사주면 좋아할까. 하지만 선물보다도 녀석들과 같이 산을 오르며 참꽃도 꺾어주고 사진도 같이 찍고 싶다.

벌초(伐草)

앞에 가는 오토바이 뒤에 실려 있는 예취기가 유심히 눈에 들어온다. 산소에 벌초하러 가는 것이리라. 오토바이 핸들을 잡은 어른의 허리를 꼭 잡고 있는 중학생쯤 되어 보이는 어린이는 아들로 보인다. 그 모습이 대견하다. 어려서부터 어른들을 따라다니며 벌초하는 습관을 길러주면 인성교육에 많은 보탬이 될 것이다.

야산에는 벌초하는 사람들 모습이 많이 보인다. 덩달아 시골 도로를 달리는 차량도 평소보다 많은 것 같다. 추석명절이 보름 정도밖에 남지 않았으니 서둘러 벌초를 마쳐야 할 듯싶다.

줄기차게 내리던 비도 자취를 감추었고, 가을이 시나브로 다가오는 느낌이 완연하다. 올해는 유난히 비가 많이 내려 풀이 예년보다 더 무성하다. 모기 입이 삐뚤어진다는 처서도 지나고, 이슬이 내린다는 백로가 가까워져 오니 풀들은 환갑을 지난 나이나 마찬가지다. 한 번 깎아 주기만 하면 더 크지 못할 것이다. 예취기를 승용차 트렁크에 삐죽이 나오게 싣고 가는 차량을 자주 만나는 것을 보면 이번 주가 벌초 최적기이지 싶다.

전에는 일일이 낫으로 깎던 풀을 이제는 예취기로 깎으니 훨씬 수월하고 시간도 많이 단축된다. 지금은 낫질할 줄 아는 세대도 그리 많지 않다. 우리 집만 해도 내 밑 항렬들은 농사를 지어보지 않았으니 낫을 사용할 줄 모른다. 풀을 깎는 게 특별한 기술을 요하는 것은 아니지만 아무래도 안전사고의 우려도 있다. 또 낫질이 거칠어서 깎은 자리가 일정하지 않고 이발 기계 없을 때 어머니들이 가위로 듬성듬성 깎은 머리, 소위 쥐 파먹은 것처럼 보일 수도 있다. 예취기가 왱왱거리며 숨 가쁘게 돌아가고 나면 잡초로 우거졌던 봉분이 본래의 모습을 드러낸다. 마치 흰 가운을 입은 노련한 이발사에 의해 깨끗이 면도까지 마친 준수한 용모를 드러낸 시골 총각의 얼굴처럼 말끔하다. 참 좋은 세상이다.

지금은 점심을 싸 들고 골짜기마다 벌초하러 다니는 모습은 보기 어렵다. 대부분 마을과 가까운 야산, 또는 이동하기 편리한 곳으로 이장했기 때문이다. 옛날같이 나무를 해 때지 않으니 수풀이 우거져 다닐 수가 없을 정도이고, 조금 높은 곳은 산돼지나 들짐승들이 마구 파헤쳐 놓기도 하니 조상을 가까이 모시자는 갸륵한 효심에서일 게다.

온 집안이 모여 안부를 묻고 정을 나누며 둘러앉아 낫으로 깎던 일도 이제는 기계가 대신 해주고 있으니 정을 나눌 시간도 그리 많지 않다.

어디 변한 것이 그뿐이랴. 멀리 직장생활 하는 사람, 또는 고향을 쉬 찾지 못하는 사람을 위해서 농협에서 벌초도 대신해주고 있다. 경제적으로 따지면 그편이 더 나을지도 모른다. 세월도 변하고 사람도 변한 것이 어제오늘의 일일까만, 아무리 바빠도 일 년에 한 번쯤은 조상의 묘를 찾아 벌초하는 것이 자손 된 도리이지 싶다.

고향에 계신 친척들만 믿고 조상님 산소에 벌초하러 다니는 일을 등한시 해왔다. 젊은이는 모두 도시로 빠져나가고 없으니 일할 사람이 마땅치 않다며 몇 년 전부터 벌초하는 날짜를 알려주며 꼭 참석하라고 했지만 무슨 일인가 생겨 지난해에는 참석하지 못하고 올해는 참석하게 되었다.

몇 년 다니지 않은 사이에 산야가 많이 변했다. 뚜렷하던 길을 가시덤불이 덮고 있어 발걸음을 더디게 한다. 오랜만에 조상님의 산소를 찾는 불효한 자손을 마뜩찮게 여기는 것만 같아 여간 죄스러운 마음이 아니다. 그 옛날 산소를 돌봐 주던 사람이 살던 터도, 얼마 안 되는 전답도 수풀 속에 묻혀 분간하기조차 어렵다. 다만, 허물어지고 잔해만 남은 돌담, 우뚝하게 자란 감나무가 감을 주렁주렁 달고 있어 집터였음을 짐작케 한다.

예취기로 길을 내는 육촌 형님의 뒤를 따라 산길을 오른다. 우리 집안도 젊은 축은 조카 항렬 둘뿐이고 나머지는 나이 60이 넘은 사람들이다. 조카들은 도시에서 직장 생활을 하고 있으니 농사일은 전혀 모르는 상태다. 나처럼 그저 집안 행사에 의무적으로 참석하는 것으로 알고 온 것인지도 모른다. 예취기를 지고 산길을 오르는 사촌 형님이 힘들어 보여 대신 지고 올라가 보니 만만찮다. 그동안 선산을 지키며 벌초를 해온 집안 어른들의 고마움을 어느 정도는 알 것 같아 미안한 마음이 뭉클 솟아오른다. 그래도 참석해 준 것 자체를 고맙게 생각하는 형님들이어서 더 미안하다.

풀을 깎아볼 양으로 벗어놓은 예취기를 짊어지고 대들어봤으나 쉬운 일이 아니다. 팔이 빠지는 것처럼 힘들고 칼날 조정도 마음대로 되지 않는다. 풀을 짧게 깎아볼 요량으로 칼날을 낮추면 왱하고 땅을 파고, 아니면 원하는 지점을 자르지 못하고 겉돌기가 일쑤다. 그 모습을 바라보던 형님들이 빙그레 웃으며 예취기를 내려놓으란다. 형님들이 하는 일을 못하는 동생이 좀 야속하기도 했지만 도리 없는 일이다. 하는 수 없이 조카들이랑 갈퀴로 깎은 풀을 긁어내고 뒷정리하는 것으로 대신했다.

땀을 비 오듯 흘리는 형님들 뵙기가 민망하다. 벌초에 모처럼 참석해서 크게 보탬은 되지 못했지만 그래도 마음은 개운한 하루였다.

'알 똥' 미안해

"알 똥 오늘 바람 불고 황사 심하다고 한다. 마스크 착용하는 것 잊지 마라."

독수리 타법이어서 오타가 난다. 그래도 고치고 또 고쳐서 문자를 보냈다. 1시간여나 지나서 답신이 왔다.

"알겠시유. 아부지도 조심허시유."

녀석, 끈적끈적한 응석이 묻어나는 듯하다. 문법이나 맞게 쓰면 좀 좋을까.

'알 똥'은 딸아이를 부르는 나만의 애칭이다. 이름 '알음'의 첫 자 '알'에 똥을 붙여 부른다. 어려서부터 그렇게 불렀는데 아마 결혼해도 그렇게 부를 것 같다.

밖에서는 과묵한 사람으로 평가받지만, 집에서는 아니다. 소통이라고는 전혀 모르는 고집불통이다. 밖에서는 친절한 사람으로 평가받지만, 집에서는 아니다. 무뚝뚝하고 융통성이 전혀 없는 가장이고 아빠로 불린다.

옛말에 가만히 있으면 중간은 간다는 말이 있다. 그래서일까만 나는 가만히 있는 것을 좋아한다. 회의석상이나 세미나 같은 곳에 가서도 거의 말이나 질문을 하지 않는다. 그래서 나를 점잖은 사람이라고 하는지도 모르겠다.

딸아이가 중학교 다닐 때였다. 하루는 성적표를 내미는데 이건 내 기대와는 완전히 빗나간, 기대 이하였다. 어이가 없어 멀거니 천장을 쳐다보며 한참을 앉아있었다. 딸아이는 내가 어서 보호자 난에 도장을 찍어줘야 가지고 나갈 터인데 그러고 있으니 난감했을 것이다. 차라리 야단이라도 쳤으면 마음이 더 후련했을지 모른다.

그렇게 시작된 불통은 딸아이가 대학교를 졸업하고 바로 취업이 되지 않아 집에서 놀 때 더욱 심했다. 지금 생각하면 상처를 많이 받았지 싶다. 16년 동안 힘들게 가르쳤으면 제 밥벌이는 해야 하는 게 아닌가 싶었지만, 청년 실업이 심각하던 시기에 사회 초년생을 넙죽 받아주는 회사는 없었다.

딸아이도 미안하니까 제방에서 잘 나오지도 않았다. 아침 먹고 출근하고 나면 한나절은 되어서야 아침 겸 점심이랍시고 먹고 오후에는 친구들 만나러 간다고 나가면 밤늦게 돌아오니 얼굴 마주칠 일이 별로 없었다. 아내는 딸아이와 이야기도 좀 하고 재미있게 지내라고 했지만, 집이나 직장에서나 말 없는 내 성격이 어디 가겠는가.

딸아이도 아빠에게 다가서는 것을 꺼리는 것 같았다. 제 엄마가 용돈을 주겠지만, 친구들 만나러 다니고 나름대로 구직 활동을 하자면 돈이 필요할 것 같았다. 더구나 한창 가꾸고 멋 부리고 싶은 나이인데, 하루는 딸아이를 불러 놓고 돈 필요하면 이야기하라고 했더니 괜찮다며 거절한다. 그 말 속에는 아빠에게 서운한 감정도 묻어있는 것 같았다. 카드를 주면서 필요한 대로 쓰라고 했지만 어쩌다 사용 내용이 문자에 찍힐 뿐 많이 사용하지도 않았다.

대학교 졸업한 지 2년 만에 어렵게 취업이 되고 휴가 받아 집에 온 딸아이와 모처럼 긴 대화를 나누는 자리가 있었다.

딸아이는 아빠의 소통 부재를 제일 먼저 들고 나왔다. 어려서는 아빠가 무섭고 무슨 말을 해도 들어주지 않는 냉혈한으로 보였다고 했다. 가족 간의 소통 문제도 들고 나왔다. 아빠의 말은 무조건 맞는 말이고 엄마와 딸아이의 말은 들은 체도 하지 않아서 몹시 서운하고 화가 나기도 했지만, 감히 아빠의 권위에 도전할 수가 없었다고 했다.

그래 다 컸구나. 아빠에게 바른말도 할 줄 알고, 전 같았으면 들은 체도 않았겠지만, 이젠 나도 늙었는가 보다. 그 말이 전혀 귀에 거슬리지 않았다.

사랑하는 당신!

사랑하는 우리 딸!

정말 미안해. 앞으로는 가족들의 말도 귀담아 듣고 존중하는 아빠가 될게.

떠나가는 애마

너를 떠나보내는 이 마음 한량없이 무겁기만 하구나. 어찌 한 마디 말도 없이 그렇게 총총 떠날 수가 있단 말이냐? 서둘러 내 곁을 떠나야 했던 이유가 너에 대한 무관심이 빚어낸 일인 것만 같아 미안한 마음 또한 겹쳐 오는구나.

너는 누가 뭐래도 나에게 일생을 바친 충직한 애마였단다. 언제 어디든 가자고 하면 군말 없이 나를 싣고 다녔다. 때로는 눈이 오금까지 쌓인 길을 가다 발이 묶여 오도 가도 못한 일도 있었지만, 그래도 너는 불평 한마디 없었지. 또 있단다. 변산반도에서 세미나를 마치고 올라오는 길이었을 게다. 올라와서 급하게 해야 할 일이 있다며 너를 쉬지도 못하게 하고 장장 네 시간이나 달리게 했지. 다른 말들 같았으면 아마 발굽이 아파 못 가겠으니 얼마간 쉬어가자고 했을지도 모르지만 너는 내 명령에 순종했었지.

같이 있을 때는 몰랐던 고마움이 이제 하나하나 느껴지는구나. 그러나 이 일을 어쩌랴 너는 점점 힘이 빠지고 늙어간다는 것을 염두에 두지 않았으니 이 모두 나의 부족한 식견 탓이라 생각되어 부끄럽기 그지없구나.

다른 사람 같았으면 신품종, 덩치도 크고 말갈기도 요란하게 휘날리는, 보기 좋은 애마로 바꾸었을지 모르지만 나는 그러고 싶지 않았단다. 옛말에 촉새가 황새 따라가려다가 가랑이 찢어진다는 속담이 있다. 연금받아서 빠듯하게 생활하는 사람이 너보다 큰 애마를 타고 다닌다는 것은 능력 밖의 일이라고 생각했었단다. 물론 많이 먹어서 힘도 좋고 기름이 자르르 흐르는 애마를 타고 다니면 우쭐함은 느낄 수 있겠지만 그게 무슨 소용이겠니.

이제 와서 이런 말을 하는 게 조금은 마음에 걸리지만 너를 무척이나 아꼈단다. 시내버스 타고 출퇴근하면서도 너에게는 비를 맞히지 않으려고 집안에 고이 들여놓기도 했단다. 너에게 쏟은 나의 사랑 너 또한 기억하리라 생각한다. 사람들은 마누라보다 너를 더 아낀다는 말을 하곤 했었지만, 그 말이 기분 나쁘게 들리지 않았단다. 나의 사랑을 먹고 자라는 너는 잔병치레 없이 잘 지내주었으니까. 그때는 무척 고마웠단다.

북풍한설이 몰아치는 어느 날이었다. 평소 같으면 고생하는 네가 안타까워 나 혼자 길을 나섰겠지만, 교통이 불편한 곳을 가야 하기에 어쩔 수 없이 너를 타고 나서지 않았더냐. 맑던 하늘이 흐려지고 땅 가까이 내려앉더니 소담스런 함박눈을 퍼붓는 게 아니겠니. 너를 데리고 나온 것을 후회했지만 돌이킬 수도 없는 일이었단다. 급히 머리를 돌려 집으로 오려했지만 그리 쉽지 않았었지. 더구나 괴산에서 증평으로 넘어오는 모래재에는 눈이 쌓여 걸음을 더디게 했고 길이 미끄러워 조심하지 않으면 사고로 이어질 수 있는 아찔한 순간도 몇 번이나 너는 잘 견뎌내었었지.

산 넘어 산이라더니 내 마음을 더 아프게 하는 일이 기다리고 있었다. 쌓인 눈을 녹이고 사고를 예방하기 위해 뿌려놓은 염화칼슘을 피켜 갈 수는 없었단다. 당장 미끄러움 방지에는 도움이 되어 일부 사람은 좋아했지만, 그것을 밟으면 발굽이 서서히 부식되어가는 몹쓸 화학약품이란 것을 너는 잘 알고 있었겠다. 하지만 그것을 밟지 않고서는 앞으로 나아갈 수가 없었으니 도리가 없었지. 집에 돌아와 너의 아랫도리를 씻기느라 또 한 번 고생을 해야 했었다.

너를 내 애마로 만들기 위해서는 많은 돈이 필요했단다. 다른 사람은 아니었겠지만, 나에게는 거금이었단다. 수중에 돈은 없고 너는 탐이 나고, 하는 수 없이 3년에 걸쳐 너의 몸값을 지불하기로 하고서야 너를 내 애마로 만들 수 있었단다. 3년, 그까짓 세월 금방 가더구나. 그렇게 3년씩 서너 번 지나가자 너의 몸도 서서히 약해지기 시작했었지. 그런데 그 당시는 그런 것을 눈치 채지 못했으니 주인 잘못 만난 너의 불행이라고 생각하거라.

그동안 너를 무던히도 부려먹었다는 것을 생각하면 미안한 마음뿐이구나. 내가 편하자고 너를 사들인 것이지 구중궁궐 깊은 곳에 마냥 모셔

놓기만 하려고 데려온 것은 아니란 것을 너도 알고 있었겠지.

대놓고 힘들다며 움직이지 않으려 할 때에는 정말 화도 많이 났었단다. 하지만 어쩌겠니? 하루는 하도 답답해서 네가 다니던 단골 병원에 입원시키고 정밀 검사를 의뢰하지 않았겠니. 전문의의 말은 너의 심장은 아직도 뜨거워 젊은이 못지 않으나 머리나, 팔다리 등 노화된 부분이 너무 많아서 어떻게 손 쓸 방법이 없다고 하더구나. 편하게 보내주는 게 좋을 것 같다는 말을 들을 때엔 어찌할 바를 몰랐었다.

너와 인연을 맺기 전에는 남이 타던 말을 사서 타고 다니곤 했었다. 남의 손에 길든 애마는 내 말을 잘 들으려 하지 않았단다. 처음부터 남이 손대지 않은 말을 사들여 길들여 보고 싶다는 생각에 선택한 게 너 엘란트라였어. 지금은 네 모습이 초라하고 찾는 사람도 없지만 너 엘란트라가 세상에 태어날 때만 해도 너의 인기는 가히 폭발적이었다. 주로 서민들이 애용하던 너여서 나도 너를 선택한 것이고.

우리 집에 처음 오던 날을 생생하게 기억하겠지! 제일 먼저 너를 반기고 네 등에 올라탄 사람은 꼬마 아씨였단다. 고사리 손으로 너의 등을 어루만지며 좋아라! 하던 그 꼬마 아씨가 이제 어엿한 숙녀로 성장했으니 참으로 세월 빠르구나.

잘 가거라. 네가 가는 세상에선 부디 좋은 주인 만나 편히 쉬려무나. 사랑했던 애마야!

주변머리도 없는 사람

– 나의 자화상

'속알머리' 없는 사람이 주변머리는 많다고 하면 과연 얼마나 믿어줄까. 가끔 나를 소개할 때 '나는 속알머리도 없고, 인정머리도 없지만, 주변머리마저도 넉넉하지 못한 사람입니다.'라고 엉뚱한, 듣기에는 아리송한 말을 할 때가 있다. 그것은 내 앞 이마가 시원스레 올라가 있는 모습을 조금이나마 만회하기 위한 너스레다.

장난스럽게 한 말, '속알머리'가 '소갈머리'로 듣기에 충분하다. 그래서인지 정말 소갈머리 없게 행동할 때도 잦다. 그냥 넘어갈 일도 소갈머리가 자주 발동한다. 가만히 있었으면 좋았을 것을 내가 뭐 잘났다고 나서는지 모르겠다. 그게 다 '속알머리' 없는 탓일 게다.

자주 이용하는 목욕탕에서 온탕을 즐기고 있는데 웬 젊은이가 샤워도 않고 풍덩 뛰어든다. 나보다 연장자도 많았건만 모두 모른 체 눈만 감고 있다. 그 순간 그 잘 난 내 소갈머리가 발동했다.

"이것 봐요. 아무리 바빠도 몸은 씻고 들어와야지…."

내 용기 있는 말에 탕 속에서 침묵을 지키고 있던 이들의 눈이 휘둥그레진다. 아마 봉변이나 당하지 않을까 하는 걱정을 담은 표정이 역력하다. 하지만 다행이었다. 젊은이는 죄송합니다. 하며 고개를 숙이는 것이었다. 곧 후회가 엄습해왔다. 강하지도 못하면서 다혈질인 내 성격, 그것은 결국 소갈머리 없는 사람이란 소리를 듣기에 충분하다. 그러지 말았으면 좋았을 것을 하고 후회해보지만 흘러간 강물은 되돌릴 수 없는 법이니 안타깝기만 하다.

듣는 사람 기분 상하지 않게 하는 소리이겠지만, 혹자는 나를 보고 온화하게 생겼다고 하는 사람도 있다. 내 심장 깊은 곳에서 꿈틀거리는 소갈머리는 짐작하지 못했나 보다. 우리는 흔히 외모가 깔끔하고 얼굴이 잘생겼으면 괜찮은 사람쯤으로 생각하기 쉽다. 하지만, 내면에 간직하고 있는 됨됨이는 얼굴에 나타나지 않을 수도 있다. 그래서 열 길 물속은 알아도 한 길 사람 속은 모른다는 속담이 있으리라

지금이라도 내 '속알머리'가 아닌 소갈머리를 잠자게 할 수는 없을까. 백방으로 노력해봤지만 그때뿐이었다. 그런 묘방을 알고 있는 사람 있다면 한걸음에 달려가 매달리고 싶다.

없는 '속알머리'가 다시 자라나 '속알머리' 많은 사람이란 소리 듣는 날이 왔으면 좋겠지만, 그것은 감나무 밑에 누워 감이 입안에 떨어지기를 바라는 것이나 다름없다.

반 토막 난 생선

지수 1,000선이 무너질 때쯤에는 이미 원금이 반 토막 난 상태였다.

오후 장이 끝나는 시간까지 텔레비전을 지켜본다는 것은 여간 인내를 요하지 않았다. 오를 기미가 전혀 보이지 않으니 느는 게 한숨뿐이었다. 주방에서 소주 한 병을 갔다가 별 안주도 없이 다 마시고 쓰러져 자기를 몇 달 동안 계속했다. 그 사이 몸은 망가지고 정신도 피폐해지고 사는 게 고역이었다. 사람 만나는 것도 싫었다. 체중도 3키로나 줄어들었다.

퇴직할 때 받은 수당과 그동안 모은 약간의 돈을 어떻게 운용할까 하다가 우선 농협에 예치하기로 했다. 직장에 있을 때에도 농협을 거래해 왔으니 믿음이 가는 곳이었다.

우연히 신문을 뒤적이다가 나온 전단이 내 마음을 솔깃하게 했다. '단 하루만 맡겨도 4.xx%의 이자를 지급한다.'라는 내용이었다. 농협에 맡기는 것보다 수익이 훨씬 높을 것 같았다. 다음날 그 증권사를 찾아가 상담을 하고 농협에 있던 돈 일부를 증권사에 예치했다.

증권회사에 맡긴 돈 속에는 아내 모르게 모은 돈도 들어 있었다. 그 돈은 여행하기 위함이었다. 외국 여행은 염두에 두지도 않았지만, 퇴직하면서 계획은 우리나라 구석구석은 아니어도 한 달쯤 아내와 같이 여행할 생각이었다. 우리나라도 좋은 곳이 좀 많은가. 대입고시를 준비하는 딸아이를 혼자 두고 차마 떠날 수가 없다며 아내는 혼자라도 다녀오라고 했지만 그럴 수가 없었다.

증권회사에서는 그냥 넣어둘 게 아니라 수익이 많이 나는 펀드에 가입할 것을 권유했다. 그렇잖아도 2005년도에 약간의 돈을 펀드에 가입한 게 있었다. 통장 정리를 할 때마다 시중은행 금리보다 많게는 4~5배 정도의 수익이 나고 있었기에 쾌히 그렇게 하겠다고 했다.

가끔 통장을 정리해보면 돈이 불어나는 게 보였다. 항상 위험 부담은 있어도 펀드에 투자하기를 잘했다는 생각을 몇 번이나 했다. 그래서 아내 통장에 있는 돈까지 몰래 찾아다가 투자금액을 더 늘렸다. 지금처럼만 불어난다면 딸아이가 대학에 입학한 다음에는 여유롭게 외국 여행도 할 수 있을 것 같은 자신감도 생겼다.

여유 자금은 몽땅 펀드에 투자했으니 쓸 돈이 부족했다. 매일 차비와 점심값, 딸아이가 가져가는 돈이 만만치 않았다. 그리고 용돈까지 주어야 하니 그 돈은 내가 쓰는 돈보다 훨씬 많았다. 그렇다고 수익이 잘 나고 있는 펀드를 해약하기에는 아깝다는 생각이 들었다.

펀드에 가입할 때 코스피 지수는 1,800선이었는데 1년여가 지나자 2,000선에 육박하고 있었다. 주가가 오르니 펀드 수익률이 올라가는 것은 당연한 일, 투자한 원금에 20% 가까이 수익이 나고 있었다. 콧노래가 절로 나왔다. 싱글벙글 세상만사 내 뜻대로 돌아가는 것 같아 기분이 좋았다. 농협에 정기예금한 것까지 해약해서 펀드에 가입했다.

행복한 노후를 위한 안전한 자금 운영방법은 한 곳에 투자하는 것보다 분산투자하는 게 바람직하다는 어느 잡지의 글을 읽었지만, 그 내용은 까마득하게 잊어버리고 '묻지마식' 몰방 투자를 하고 말았다. 그때가 퇴직한 이듬해인 2007년 상반기였다.

산이 높으면 골이 깊다는 말이 있다. 끝없이 오를 줄만 알았던 주가가 내려가기 시작했다. 양지가 있으면 음지가 있기 마련이라는 사실을 왜 몰랐을까. 그래도 별 걱정하지 않았다. 언제나 그랬다. 조금 내려가다가는 내려간 것 이상으로 오르곤 했으니깐, 다시 오르기만 기다렸다. 증권회사에서도 일시적인 현상으로 밀리는 것이니까 크게 신경쓰지 않아도 된다고 했다. 정말 그럴 줄 알았다.

지수 1,900선이 무너지는가 했더니 내리막길을 달리는 지수는 멈출 줄을 몰랐다. 마음이 불안해지기 시작했다. 그래도 아직은 마이너스가 아니라 수익이 생겼다는 점에서 큰 걱정은 되지 않았다.

지수는 곤두박질치기 시작했다. 미국에서 기침하면 우리나라에서는 감기에 걸린다는 우스갯말처럼 뉴욕증시가 내려가자 우리나라 증시는 걷잡을 수 없었다. 이제 시중은행 금리가 아니라 마이너스였다. 눈앞이 캄캄

했다.

코스피 지수가 1,500선까지 내려갈 즈음 다시 거래 증권사를 찾았다. 지금이라도 펀드를 해약하는 게 낫지 않겠느냐고 물었더니 설마 더 떨어지기야 하겠느냐는 것이다. 이미 원금에 30%쯤 손실이 난 상태였다. 의욕이 아니라 욕심만 가지고 달려든 상태이니 펀드에 대한 지식이 있을 리 없었다. 그저 자산운용책임자 하자는 대로 이끌려 갈 수밖에 없었다. 그러면서도 1,500선에서는 회복할 것이라고 믿었다. 약간의 상승세를 타는가 싶더니 1,500선이 무너지고 거침없이 내려가고 있었다. 세상없는 천하장사라 할지라도 그 내려가는 지수를 붙들지는 못할 것 같았다.

쉽게 펀드를 처분할 수 없었다. 지금 빠져나온다면 생선 한 마리 사서 맛있게 구워 먹으려고 들고 오다가 살 많은 가운데 토막은 고양이에게 도둑맞고, 대가리 부분, 먹을 것도 없는 것을 들고 돌아오는 것이나 마찬가지이리라.

요즈음 잘려나갔던 반 토막 생선에 조금씩 살이 붙어가는가 싶더니 다시 곤두박질치고 있다. 언제 다시 머리 부분까지 떼어갈지 불안하기만 하다.

6

홀로서기

- 이무기와 산천어
- 나의 대필 친구
- 국제시장
- 아쉬운 여정 120분
- 공항대합실 같은 현관
- 공범
- 외로운 효녀
- 홀로서기

이무기와 산천어

수필 쓰는 틈틈이 콩트를 썼었다. 청탁을 받고 쓴 일도 있지만 사회에 대한 원망, 나 자신에 대한 질책 등 그렇게 한바탕 쏟아내고 나면 속이 후련해지기도 했다. 사보나 지역 일간지 등에서 간혹 특정 시기에 맞춰 특집형태로 꾸미는 것이어서 수요는 꿈에 떡 맛보기 정도였다.

그 동안 발표한, 여기저기 흩어져있던 글들을 모으니 책 한 권 분량이 되었다. 어느 것은 세상에 얼굴 내민지 강산이 두 번이나 바뀌어서 시대에 맞지 않고 지금 보면 어색한 부분도 있었지만 모두 내 배 아파 낳은 자식이기에 버리기에는 아까웠다. 책 서문에 소설가가 되지 못한 아쉬움을 토로하면서 나 자신은 이무기로 살아가겠다는 말도 덧붙였다.

내가 산천어님을 처음 만난 것은 도서관에 근무하고 있을 때였다. 그는 그곳에 가끔 와서 책도 빌려가고 공부도 하고 가곤 했었는데 무슨 이야기 끝엔가 그도 문학을 하는 사람이란 것을 알게 되었다. 마침 J신문사 문화부 기자가 주 1회씩 3개월간 칼럼 쓸 필진을 소개해 달라는 말을 듣고 산천어님을 떠올렸다. 나는 그 신문사 창간 초기에 그 코너를 3개월씩 두 번이나 쓴 일이 있어서 새 얼굴을 찾아주고 싶었다.

산천어님은 등단 문인임에도 별 활동을 하지 않고 있었다. 해서 칼럼을 한번 써보겠느냐고 물었더니 처음에는 글이 따라주지 않는다고 한사코 거절한다. 3개월 동안 글을 쓰고 나면 본인이 느낄 수 있을 정도로 좋아질 것이라며 적극 권했다.

사실 원고지 5매 분량이라고는 하나 매주 한 편씩 석 달 동안 쓴다는 것은 결코 쉬운 일은 아니다. 그렇지만 한편 보람도 느낀다. 지방 신문이라고는 하지만 자신을 알릴 수 있는 효과도 크다. 나 같은 경우도 신문에 나간 사진과 글을 보고 연락을 해온 어릴 적 고향친구도 있고 그냥 서이하게 지내던 사람도 '아! 신문에 난 글 잘 읽었습니다.'하고 아는 체를 해줘 제법 보람도 느꼈었다. 또 글 중에 잘못된 부분을 지적해주는 고마운 선배 문인도 있었다. 그렇게 3개월쯤 지나니 어렴풋이나마 어떻게 써야 되는지 짐작할 수 있었다.

산천어님이 발표하는 지면을 유심히 살폈다. 여섯 명의 필자가 정해진 요일에 발표하는 것이어서 그때그때 계절이나 기념일 같은 게 주제가 되기도 하고 일상적인 이야기도 많았다. 그 중에서도 산천어님의 글은 남보다 못하지 않게 느껴졌다.

이제 직장에서 퇴직한 지 10년, 산천어님은 어느 문학회에 가입하여 창작활동을 한다는 소식을 듣긴 했지만 그 후에는 만나지도, 소식을 전해오지도 않았다. 소식을 모르고 지내온 세월 동안 두 번째 수필집 『예일대 친구』와 콩트집 『소갈 씨』를 출간했다. 수필집은 산천어님에게 보낸 기억이 있으나 콩트집을 보내지는 못했다. 하 오랜 세월 속에 이사라도 했을 것 같은 생각이 들어서였다.

지금쯤 책을 출간했어도 벌써 했지 싶은 생각도 들었다. 그렇다면 나에게도 한권 보내줌직한데 통 소식이 없다. 무소식이 희소식이라고 생활에 바쁘고 창작에 열중하느라 그렇겠지 하고 무심히 지내다보니 내 기억에서 점점 흐릿하게 변해가고 말았다.

까맣게 잊고 지내던 어느 날 전자우편함에 산천어님이 보낸 반가운 서신이 들어있었다. 무척 반가웠다. 그동안 어떻게 지내왔는지 궁금했는데 모두 아리송한 단어들이어서 더 궁금했다. 바로 답장을 띄웠다. 그리고 이내 답장이 왔다.

> 선생님 반갑고 또 고맙습니다.
> 동면 ― 아무 활동도 하지 않고 쉼과 연명뿐이었지요.
> (중략)
> 한번 건강을 잃으니 정말 회복이 어려웠어요.
> 지금은 가정주부의 역할을 하고 있습니다.
> (생략)

상상외로 큰 병마가 찾아왔었다는 느낌이 들었다. 그러나 구체적으로 물을 수도 없었다. 연말에 연하장을 보내왔다. 나는 그 주소로 콩트집『소갈 씨』를 보냈다. 그랬더니 핸드폰으로 다음과 같이 소감을 보내왔다.

> 용을 꿈꾸는 이무기가 사는 물에 산천어 한 마리 조용히 헤엄치고 있었죠.
> 햇살 맑은 날 이무기의 비늘에 오색 빛 무지개를 부러워하면서요.
> 지칠 줄 모르는 문학의 행보는 용을 꿈꾸는 까닭이겠죠.
> 『소갈 씨』와의 만남으로 밤을 밝혔습니다.
> 받기만 하여 송구스럽습니다.
> 하지만 큰 나무 그늘
> 그 아래 쉼은 편안하고
> 새 힘을 얻습니다.
> 고맙습니다.

산천어! 그래 정말 때 묻지 않고 오염되지 않은 곳에서 살아가는 산천어 같은 여인이었지. 이제 전화번호도 확인되었으니 전화를 걸었다.

몸이 안 좋아서 생과 사를 넘나들었다고 했다. 이제 조금 나아져서 혹시나 해서 전자우편을 보냈었는데 다행히 소식이 닿았다며 좋아한다. 어느 정도 몸이 회복되면 이 세상에 왔다가는 기념으로 책을 내고 싶다고 했다. 그때 도움이 필요하다면 부탁하겠다는 말도 덧붙인다.

저런, 그런 줄도 모르고 무심히 보낸 세월이 원망스럽기만 했다.

나의 대필 친구

– 나의 필적을 말한다

나는 글씨를 지독하게 못 쓴다. 나 자신이 악필이라고 생각할 만큼 글씨 쓰는 것을 싫어해 전화를 많이 사용하기도 했었다. 그러나 이제는 걱정이 없다. 명령만 내리면 대필해 주는 친구가 있으니 말이다.

그런데 이 친구는 한 가지 흠이 귀가 어둡다. 그래서 일일이 손가락으로 알려주어야만 한다. 때론 빠르고 마음에 썩 들게 써주어 칭찬이라도 해주고 싶은데 그런 것은 받아들이지 못하는 강직한 성격이다. 오직 시키는 대로 자신의 일을 할 뿐, 싫다 좋다, 불평불만을 할 줄 모른다. 내가 알지 못하는 띄어쓰기도 알아서 척척 해준다. 명석한 이 친구 덕분에 나의 악필을 남에게 보이지 않아도 되니 얼마나 다행스러운 일인가.

재주는 타고나는 것이라 하지만 장인 손끝에서 탄생되는 명품은 각고의 노력 끝에 얻어지는 산물이다. 글씨도 무한한 노력을 기울인다면 어느 정도는 가능하다고 본다. 한석봉 같은 명필도 처음부터 명필가는 아니었다.

공부를 하다가 이만하면 되었다는 생각에 집으로 돌아왔을 때, 호롱불도 없이 깜깜한 밤에 떡을 썰던, 그의 어머니와 실력을 겨룬 이야기는 너무나 유명한 전설로 남아있다. 그도 물론 처음부터 글씨 공부를 한 것은 아닐 것이지만, 오랜 세월 동안 학업을 갈고 닦는 과정에 한석봉만의 독특한 글씨체가 형성되었으리라.

글씨! 누구나 잘 쓰고 싶지만, 그게 어디 쉬운 일인가. 이제껏 나는 글씨를 잘 쓰기 위해 특별히 노력해 본 기억이 없다. 하지만, 글씨는 잘 쓰지 못했어도 청소년 시절에 친구로부터 편지를 써 달라는 부탁을 종종 받곤 했었다.

한 가지 재주는 다 있다고 하더니 친구는 글씨는 잘 쓰는 반면 문장이 달렸고, 나는 글씨는 잘 못 써도 문장력이 있었던 것 같다. 어쩌다 여자들에게서 답장이 오면 좋아 날뛰던 모습이 아련한데, 벌써 머리에 서리꽃이 피었으니 그 세월이 그립기만 하다.

여유를 가지고 공들여 쓰면 '악필' 소리는 듣지 않을지도 모르지만, 조급한 성격 때문인지 원고지 두 장을 나가기 전에 휘갈기기 시작한다. 가끔 딸아이에게 원고를 주고 컴퓨터에 입력해 달라고 하면 글씨를 못 알아봐 물어보는 글자가 더 많다.

하긴, 내가 쓴 글자인데도 불구하고 나도 못 알아볼 때가 있으니 얼마나 우스운 일인가. 처음에는 정자로 또박또박 써나가던 글씨가 갈수록 술 취한 사람 모양 비틀거리기 시작하는 것은 다시 교정을 봐야 하니, 대충 써도 되겠다는 안일한 생각 때문이 아닐까 싶기도 하다.

못 쓰는 글씨 때문에 가장 난처할 때가 축의금이나 부조금 봉투를 써야 할 때다. 경조사 봉투는 세로로 쓰니 더 조심스럽다. 더구나 한문으로 써야 할 때는 더욱 난감하다. 성의없다고 할지는 모르지만, 요즘은 아예, 봉투에 애・경사에 쓰는 문구가 새겨진 고무인을 준비해 놓고 주소까지 찍어서 사용한다.

또 있다. 문우들이 저서를 보내올 때의 일이다. 책을 받으면 잘 받았다는 인사와 함께 소감을 써 보내야만 책을 보내준 작가에게 인사가 되는데, 나는 글씨를 잘 못 쓰는 까닭에 꼬박꼬박 인사를 챙기지 못해 미안한 마음이 든다.

그나마 요즘은 이메일로 답장을 대신 하든가 컴퓨터로 인쇄해 답장을 보낼 수 있어 다행스럽게 생각한다. 물론 정성 들여 자필로 적어 보내면 좋겠지만, 어쩌랴, 내 알량한 필체를 보이는 것보단 그편이 훨씬 마음 편한 것을.

이제는 컴퓨터로 글 쓰는 것이 습관이 되었다. 그리고 컴퓨터로 글을 쓰면 생각날 때마다 저장해 놓은 문안을 수시로 수정할 수 있으니 무척 편리하다. 그래서인지 글씨 쓰는 것 하고는 점점 거리가 멀어지는 것 같다.

반듯하게 잘 쓴 글씨를 보면 부럽다. 그 글씨를 쓴 사람의 깔끔한 외모와 곧은 성품까지도 느껴지는 듯해서다. 그래서 예전에는 글씨 하나만 보고도 그 사람의 됨됨이를 판단할 수 있었다고 하는 말이 있었나 보다.

21세기를 살아가는 요즘 사람들은 거의 글씨를 쓰지 않는다. 아니, 쓸 일이 별로 없으니 글씨 잘 쓰는 사람이 그만큼 줄어들지도 모른다고 생각할지 모르지만 걱정할 필요는 없을 것 같다. 명령만 내리면 알아서 대필해 주는 든든한 친구는 어느 집이나 있을 것이기에.

오늘도 글씨를 써달라고 부르자 즉시 달려 나온다. 게으름 피우지 않고 내가 시키는 대로 고분고분 써주는 친구가 있어 글 쓰는 일이 행복하기만 하다.

국제시장

"아빠도 같이 가? 오늘 모처럼 다른 약속 잡지 않고 가족을 위해 비워 뒀단 말이야."

"아니야 나는 다른 일이 있어. 엄마랑 갔다 와"

"그래, 그럼 오늘은 봐 줄게. 그 대신 저녁은 사 줘야 하는 것 아냐?"

"그럼 엄마랑 둘이 저녁 먹고 들어와. 내가 카드 줄게. 나는 밖에서 먹고 올 테니깐."

"됐거든."

서울에 취업해 있는 딸아이가 모처럼 휴가 받아서 집에 내려와 있는 중이다. 오랜만에 제 엄마가 해주는 밥을 먹으니까 좋은 모양이다. 집에 오자마자 잠에 빠져 산다. 아침도 한나절이 되어서야 일어난다. 저리해서 어떻게 아침 일찍 일어나서 밥해 먹고 직장에 다녔나 걱정이 된다.

그래도 닥치면 다 해 나간다더니 지금껏 별 탈 없이 잘 다니고 있는 것을 보면 기특하기만 하다.

11시쯤 일어나서 제 엄마가 챙겨주는 밥 먹으면 친구들 만나러 나가서 밤늦게 돌아오곤 하니 아침 늦게까지 잔다. 전 같으면 일어나라고 했을 것이지만, 모처럼 즐기는 휴가이기에 그냥 넘어가기로 했다.

요즈음도 한 달에 한 번 정도는 반찬을 해가지고 올라간다. 그때마다 느끼는 일이지만, 서울에만 가면 머리가 아픈 것 같다. 더구나 콩나물시루 같은 지하철을 탈 때는 더 심했다. 주거 공간도 비좁고, 내가 넉넉해서 널찍한 방을 얻어주면 좋으련만 그리하지 못하는 내 마음도 편하지 못하기는 마찬가지이다.

휴가 온다기에 일주일 정도로 생각했는데 딸아이 휴가는 2주일이란다. 그것도 연초에, 휴가는 대부분 여름에 가는 것으로 생각하는데 딸아이 근무하는 곳은 아닌가 보다. 무슨 회사가 겨울에, 그것도 한꺼번에 다 써야 하느냐고 물었더니 신입사원에게는 선택의 여지가 없단다.

내가 근무할 당시에는 연가보상비가 짭짤했었다. 그 이야기를 딸에게 했더니 지금은 그렇게 살지 않는단다. 쓸 것은 쓰고 본인에게 돌아오는 휴가는 즐기고, 그게 지금 젊은이들의 사고방식이란다.

녀석이 모처럼 아빠에게 선심 쓰려고 영화 구경을 제의해 왔는데 하필이면 그 시간대에 꼭 가야 할 곳이 생겼다. 하는 수 없이 제 엄마와 둘이서만 가기로 한 모양이다. 좀 미안했다. 가족이 함께 영화 본 것이 언제인지 기억도 가물가물하다. 내 별난 성격 때문에 녀석이 취업 못하고 집에 있을 때 적잖이 마음고생도 했을 터, 그 마음을 어루만져 줄 절호의 기회인데 오늘은 어쩔 수가 없으니 내 마음도 그리 유쾌하지만은 않다.

오늘 보러 가는 영화는 개봉하자마자 돌풍을 일으키고 있는 윤제균 감독의 〈국제시장〉이다. 1950년대 한국 전쟁 이후 오늘에 이르기까지 슬픈 삶을 살아온 가장과 그의 가족들의 이야기! 손수건 없이는 감상할 수 없다고 할 정도로 풍성한 소문을 몰고 온 영화이기에 보고 싶은 마음 간절했지만 어쩔 수 없는 일이었다.

일이 꼬여서 그랬을까. 볼일이 일찍 끝났다. 애초 생각은 같이 저녁 식사까지는 아니어도 시간이 꽤 걸릴 것으로 생각되었는데 아니었다. 저녁은 먹고 들어간다고 했는데. 어쩌지. 아직 영화가 끝나려면 근 한 시간 정도는 기다려야 했다. 영화 상영 도중에 들어간다는 것은 줄거리가 이해도 되지 않겠지만, 좌석이 있을지도 의문이었다.

모처럼 모녀가 희희낙락하며 시간을 보내고 있을 것 같았다. 또 영화 끝나면 맛있는 것 사 먹자고 하는 이야기까지 들은 터라 먼저 집에 들어가기로 했다. 대문을 열려고 보니까 열쇠가 없다. 방에서 나올 때 깜빡하고 열쇠를 가지고 나오지 않은 게 떠올랐지만 이미 소용없는 일이었다.

난감했다. 날씨는 추운데 밖에서 서성거릴 수도 없고, 마냥 차 안에서 히터 틀어놓고 기다릴 수도 없는 노릇이었다. 시간을 계산해보니 한 시간 정도 있으면 영화가 끝날 것 같았다. 녀석에게 문자메시지를 보냈다.

"야 딸! 영화 재미있냐?"

"무척, 그런데 웬일이람?"

"응 일 다 끝났어. 영화 끝나면 내려준 곳으로 와. 저녁 사주려고 나와서 기다리는 중이야."

"고마워. 아빠"

극장 앞에서 아까운 기름을 근 한 시간 정도 태우고 난 다음에 아내와 딸을 만날 수 있었다. 그런데 제 엄마가 해주는 밥을 먹겠다며 집으로 바로 가자고 한다. 열쇠가 없어 집에 들어가지 못하고 데리러 온 것을 전혀 눈치 채지 못한 것 같으니 얼마나 다행한 일이랴.

아쉬운 여정 120분

한 달에 한 번꼴로 택배 기사노릇을 한다. 운임은 못 받지만, 꼭 해야 하는 일이다. 그때그때 실리는 물건과 품목도 다르다. 하지만, 단골로 빠지지 않는 게 있다. 밑반찬이 그것이다. 아내는 밑반찬 만들 때 힘이 난다. 콧노래도 흥얼거린다.

봄철에 기사 노릇 할 때는 여름옷이 실리고 가을철에는 겨울옷이 실린다. 어쩌다 날씨가 변덕을 부려서 갑자기 철이 앞당겨지면 그만큼 나의 일도 바빠지게 마련이다. 때맞춰서 배달해주어야 하므로 날짜 선택을 잘해야 한다.

오늘도 짐을 가득 싣고 서울에 가는 중이다. 가득 실었다고는 하나 승용차에 얼마나 싣겠는가. 쌀 서너 되, 김치 한 통, 반찬 몇 가지, 여름옷 몇 벌, 그중에는 내가 꼭 가져가는 게 있다. 그것은 고향의 물이다.

혼자 먹는 물이 얼마나 될까만 나는 그래도 물을 한 상자(6병)씩 떠가지고 간다.

초정에 있는 모 소주 공장에서 일반인들에게 무료로 제공하는 물이다. 지하 200m에서 끌어올린다는 암반수를 떠가기 때문에 물맛도 좋다. 또 어려서부터 먹던 물이기 때문에 나는 그 물을 고집한다. 그러나 서울 생활에 익숙해져 가면서 물을 떠 오지 말라고 할 적엔 서운하기까지 했다. 집에서 먹는 양이 적기 때문에 이곳에서 가져간 물이 무척 오래도록 남는다는 게 그 이유다.

대학교를 졸업하고 2년 동안 집에서 놀던 딸아이가 취업이 되었다. 물론 저도 좋아했지만, 우리 부부가 더 좋아했다. 힘들여 대학공부시켰더니 허구한 날 집에서 빈둥거리는 것은 사람 열통 터지게 하기에 딱 알맞았다. 그것도 제때 일어나서 같이 밥이라도 먹으면 덜하겠는데 햇살이 하늘을 찔러야 부스스 일어났다. 밥도 대충 먹고 종일 컴퓨터 아니면 핸드폰이나 가지고 놀다가 해가 설핏하면 채비를 하고 친구 만난다고 밖으로 나간다.

제 딴에는 놀고먹는 게 미안해서 용돈 달라는 소리도 못하는 것 같았다. 그렇다고 제 엄마가 용돈을 넉넉하게 줄 위인도 아니다. 어느 때는 짜증이 나다가도 그 아이 마음은 얼마나 답답할까 싶어서 며칠씩 집안에 틀어박혀 있을 때는 밖에 나가서 놀다 오라는 소리도 했었다. 친구 만나고 돌아다니려면 점심값이나 교통비는 있어야 하는 게 기본이다. 해서 카드를 주면서 필요한 곳에 쓰라고 했지만 놀고먹는 처지에 마음 놓고 카드를 긁을 수는 없었나 보다. 어쩌다 날아오는 문자를 보면 만 원, 2만원이 고작이었다.

딸아이가 취업이 되어 서울로 간다고 할 적엔 무척 기뻤다. 그동안 집에서 논다고 잔소리 늘어놓은 게 미안하기도 했다. 하지만 서울은 모든 게 비싸고 여의치 않았다. 이곳 청주에 취업이 되었다면 집에서 출퇴근하니 주거비가 들지 않는다. 또 동동거리며 밥해 먹고 출근해야 하는 어려움도 따르지 않을 것이니 모든 게 여유로울 것이지만. 서울은 달랐다. 그렇다고 커다란 방을 얻어줄 만큼 넉넉한 형편도 아니어서 내 마음은 더욱 졸아들었다.

출근 하루 전날 자취에 필요한 간단한 가재도구를 싣고 올라가 보니 과연 이 좁은 공간에서 생활할 수 있을까 하는 마음이 들었다. 내가 넉넉하다면 조금 큰방이라도 얻어서 편하게 생활하게 했으면 얼마나 좋을까 하는 생각에 마음이 아팠다. 취업이 되어서 들떠 있는 아이에게 불편한 모습을 보이기 싫어서 '어려서 고생은 사서도 한다.'는데 이 정도면 호텔이나 다름없다고 너스레를 떨었다. 아내의 마음도 편치만은 않은 것 같았지만 애써 참는 눈치였다.

그렇게 시작한 딸아이의 서울 생활은 3년이 다 되어간다. 방이 좁으니 옷을 많이 가져다 놓고 입을 수 없어 조금씩 가져가고 또 철 지난 옷은 싣고 내려와 정리해놓고 그런 일을 반복하고 있다. 한 달에 한 번 쉬는 날 올라가면 그때까지 자고 있다. 방은 엉망이고…. 조그마한 세탁기에 가득 쌓인 세탁물, 개수대에 담긴 그릇, 방안에 어지러이 널려있는

이부자리 및 양말 등등,

아내가 그릇을 씻고 빨래를 하려고 하면 그냥 두라고 성화다. 모두 알아서 하겠단다. 처음 얼마간은 정리도 해주고 필요한 게 있으면 사다가 주기도 했는데 이제는 아니다. 제 말대로 모든 것은 본인이 알아서 해야 할 일이기에 모른 체 넘어갈 때가 많다. 그래도 마음은 편치 않다. 깨끗하게 청소하고, 차곡차곡 정리해주고 싶지만, 언제까지 해줄 수도 없는 일이니 이 기회에 반찬 만들고 빨래하는 방법도 알아갔으면 싶다.

한 달만의 만남도 그리 오래가지는 못한다. 오후에 교회 가는 딸을 위해 우리는 열두 시에는 서울을 떠나서 와야 한다. 고작 2시간여, 그 안에 우리는 집에서 만들어간 반찬으로 세 식구가 둘러앉아 밥을 먹는다. 처음에는 식당에 가서 사서 먹기도 했으나 이제는 제 엄마가 한 밥이 먹고 싶다고 해서 그렇게 하고 있다.

떠나오는 우리에게 손을 흔드는 딸아이의 예쁜 얼굴이 백미러에 오래도록 남아있었으면 하는 내 마음과는 달리 이내 사라진다.

공항대합실 같은 현관

영화 〈이별의 부산 정거장〉을 연상케 하는 현관! 기다리던 임이 언제 오실까 목을 길게 빼고 밖을 내다보는 미모의 여인! 팔짱을 하고 묵묵히 밖을 내다보는 건장한 사내, 표정과 모습도 가지각색이다.

그중에서 특히 눈길을 끄는 것은 선생님 손에 매달려 밖을 기웃거리는 몸이 불편한 단발머리의 여학생, 중학생일까? 아님 고등학생? 이곳은 유치부에서 전공분야까지 있어 섣불리 단정하기가 쉽지 않다. 덩치가 커서 고등학생이겠거니 생각했는데 알고 보니 중학생인 경우도 있었고 키가 작아 초등학생인줄 알았더니 중학생인 경우도 있었다.

공항이나 역 대합실에서나 볼 수 있는 풍경이 이곳에서도 매일 전개된다. 매일 되풀이 되는 일이기에 특별히 새로울 것도 신기할 것도 없지만 그래도 기다리고 떠나보내는 풍경들이 재미있다.

떠나보내는 이의 마음이 절절이 묻어나고 맞이하는 사람의 따뜻한 마음이 이보다 더 진하게 느껴질 수 있을까. 우리 학교 현관은 아침 8:30분부터 진풍경이 벌어진다. 선생님과 특수학급 실무원이 옹기종기 모여서서 환담도 하고 서로의 안부를 전하며 학생들이 도착하기를 기다리는 곳이다. 거동이 자유롭거나 정신적 장애가 가벼운 학생들도 일찍 나와서 친구를 기다리고 있다.

500번(시내방면) 버스가 들어와서 멈춘다. 마치 시골 장날 주차장에 버스가 들어와서 멈추면 장사꾼들이 우르르 몰려들 듯 그렇게 사람이 몰려든다. 장에 내다팔기 위해 내오는 물건을 서로 빼앗으려고 하는 그런 풍경을 연상하게 한다. 내 반 학생을 다른 반 선생님이 데리고 갈 리는 만무하지만, 그래도 조금이라도 먼저 맞이하기 위한 쟁탈전같이도 느껴진다.

먼 길 여행에서 돌아온 자식을 맞이하듯, 혈육의 정이 그리워 눈이 짓무른 철없는 자식들의 상봉이 이어지는 순간이다. 선생님 품에 얼싸 안기는 학생이 있는가 하면 보무도 당당하게 혼자 내리는 학생도 있다.

어쩌다 내리지 않으려고 발버둥을 치는 학생도 있지만, 선생님이 달려가 아이를 달랜다. 성난 사자도 순한 양으로 길들이고, 울부짖는 맹수의 울음도 그치게 하는 특수교육을 받은 선생님이다. 떼를 쓰던 아이도, 발버둥 치던 아이도 어느덧 하던 짓을 멈추고 선생님 손을 잡고 교실로 들어간다.

남북이산가족 만남의 장소만큼이나 정겹고 시끌벅적하던 현관도 9시가 가까워지면서는 조용해진다. 총 여섯 대의 버스가 들어온다. 한 대한 대 들어올 때마다 손님을 맞기 위해 기다리던 환영객들도 차츰 줄어들어 마지막 버스가 들어와서 학생들이 내리고 나면 끝이다.

손님을 맞기 위해 나온 사람이라면 빈손으로 돌아가는 일은 결코 없다. 이제 손님을 맞기 위해 북새통을 이루던 현관은 얼마간 적막감에 휩싸여야 한다. 오후에 출발하는 버스가 올 때까지.

조용하던 현관은 오후 2시가 되면 활기가 넘치고 다시 환송객들로 붐비기 시작한다. 하지만 오전과는 달리 반짝하고 끝이 나는 도깨비시장처럼 얼마 가지 않는다. 14:30분에 출발하는 버스는 석 대 뿐이어서 아침처럼 그렇게 붐비지는 않는다.

수업을 일찍 끝낸 유치부나 초등학교 저학년이 주를 이룬다. 대부분 시내 가까이 있는 학생들이어서 버스 석 대에 나누어 타고 휭하니 떠나가 버린다. 이번에도 각 반 담임 선생님이나 특수학급 실무원은 학생의 손을 잡고 현관 출입구 쪽으로 걸어온다. 선생님과 정이 든 아이들이 선생님 손을 놓지 않으려 떼를 쓰는 모습도 정답고 그런 아이의 투정을 말없이 받아주는 선생님이나 특수학급 실무원의 표정도 더없이 밝고 아름답다.

본격적인 환송식이 열리는 것은 오후 네 시쯤이다. 이때에는 버스 여섯 대가 나란히 늘어서서 시동을 걸고 손님 맞을 채비에 여념이 없다. 마치 어느 공항의 출입구를 빠져나오는 모습을 연상케 하는 광경이 벌어진다.

떠나갈 손님들이 하나 둘 출입구를 빠져나오기 시작한다. 어느 때는 우르르 몰려나오기도 하고, 기다리던 선생님 손에 이끌려 버스에 오르는 귀한 손님도 있다. 손님이 모두 승차한 것을 확인하면 버스가 서서히 출발한다. 운전주무관들의 의리도 대단해서 내 버스에 손님이 다 탔다고 해서 먼저 출발하는 일은 결코 없다. 버스 여섯 대에 모두 탑승해야 출발이 가능하다. 그리고 질서 정연하게 일정한 간격을 유지하며 교문을 빠져나간다.

늘어서 있던 선생님과 특수학급 실무원은 버스가 교문을 벗어날 때까지 서서 손을 흔든다. 떠나가는 손님들도 이별의 슬픔을 같이 나누려고 열심히 손을 흔든다. 우리 학교 현관은 다시 적막감에 휩싸인다.

공범

"0000호 카니발 차량 멈추세요."

경찰 순찰차가 사이렌을 요란하게 울린다. 검은색 카니발 승합차량을 추격해오며 방송을 하고 있었다. 놀랍게도 카니발 차량 번호가 눈에 확 들어왔다. 우리 학교 학생을 태우고 등·하교 해주던 차량이었다.

무슨 일일까? 교문으로 들어가지 않고 우회전해서 멈춰 세운다. 112 순찰차량도 따라 멈춘다. 직감적으로 신호위반을 했거나 앞지르기 위반을 했구나 하는 강한 의구심이 들었다.

카니발 차량이 멈추자 운전자와 조수석에 타고 있던 부인까지 내린다. 뒤이어 뒷좌석에 타고 있던 우리 학교 고등학생인 아들을 부축해서 내리게 한다. 카니발 차량으로 다가온 경찰과 마주하자 학생이 알아듣기 힘든 말을 지껄인다. 괴성에 가까운 소리다. 그러자 부모가 나선다.

"등교 시간이 늦어서 그랬어요."

"아무리 그래도 그렇게 운전하면 어떻게 합니까?"

경찰이 상을 찡그리며 운전자인 남자를 쳐다보며 하는 말이다. 학부형이 위기상황에 몰린 것이 분명했다. 그냥 있을 수 없었다. 아는 처지에 무엇인가 도움을 주어야 하겠다는 생각이 강하게 작용했다.

"우리 학교 학생이에요. 빨리 들어가지 않으면 지각 처리될 수 있어요"

나는 교문에서 노란조끼를 입고 손에는 경광봉을 들고 교통지도를 하고 있었기에 누가 봐도 배움터 지킴이라는 것을 알 수 있는 상황이었다. 그 와중에 엄마는 용케 아이의 손을 잡고 운동장을 가로질러 안으로 달려갔다.

"시간이 촉박했던 것 같은데 앞으로는 조금 일찍 출발하세요. 오늘은 봐드리겠습니다."

"네. 조심하겠습니다."

젊은 경찰관은 거수경례를 마친 다음 아무 일도 없었다는 듯 다시 차에 올라타더니 어딘가를 향해 달려간다. 그 모습이 무척 멋있어 보였다.

"휴!"

그제야 운전자가 안도의 한숨을 내쉰다.

"왜 그랬어요?"

경찰이 떠난 다음 운전자를 향해 내가 물었다.

"신호 한 번 더 받기 싫어서 중앙선을 넘어서 우회전 했어요. 하마터면 벌금 크게 낼 뻔했네요."

이런 젠장! 내가 도와준 것에 대해서는 일언반구 고마움의 표시도 없다. 가만히 생각해보니 나는 칭찬받을 일을 한 게 아니라 있는 그대로 사실을 이야기한 것뿐이다. 그러니 잘한 일도, 잘못한 일도 없는 셈이다. 다만 불법을 저지른 차량 운전자를 도우려 한 양심의 가책은 면할 수 없었다.

하지만 초록은 동색이요. 가제는 게 편이라 했는데 어찌 위기(?)에 몰린 아는 사람을 모른 체 할 수 있단 말인가.

외로운 효녀

여름철 오후 4:30분은 해가 중천에 떠있지만 겨울철 그 시각은 해가 넘어가기 직전이다. 더구나 냉기까지 살갗을 파고든다. 우리 학교 학생들이 하교하는 시간이다.

지적장애 1급, 어찌 보면 자신도 남의 도움을 필요로 하는 학생이지만 그 모습이나 태도는 담담했다. 정미(가명)양을 만난 것은 100번 통학버스 안에서였다. 배움터 지킴이 업무가 끝나는 시간에 맞춰 통학버스가 출발하기에 운전주무관에게 부탁하여 그 버스에 탈 수 있었다.

"학교 다니는 것 힘들지 않아요?"

정미 양 옆에 앉아서 처음 던진 질문이었다.

"아니요. 재미있어요."

정미 양은 자신보다 부모님 걱정이 더 앞섰다. 겨울 날씨는 변덕이 심하지만 그날은 유독 더 추웠다. 그래서인지 정미 양의 마음은 더 초조한 듯 했다. 내다본 창밖은 흰 눈이 조금씩 날리고 있었다. 정미 양의 집은 증평에서도 시내버스를 타고 30여 분 정도 더 가야 되는 곳에 살고 있다고 했다. 눈 오는 모습을 바라보며 즐거워하는 다른 아이들과는 달리 정미 양에게는 집에 계신 부모님 걱정에 즐거움 같은 것은 사치에 불과한 듯 했다.

다른 학생들 같으면 얼마나 즐거울까. 더구나 꽃다운 청춘, 나이 열일곱은 소똥 굴러가는 것을 보고도 웃음보가 터질 그럴 나이이다. 하지만 정미 양은 그런 것 하고는 거리가 멀었다. 정미 양의 어머니도 정신지체장애 1급이고, 아버지 또한 노환으로 거동이 어렵다고 했다. 자신도 한쪽 다리를 절룩거리는 환자에 가까웠다. 그래도 표정만큼은 밝았다. '왜 나에게만 이런 시련이 닥쳐올까?' 하고 시름에 젖을 것 같았는데, 그 모든 것을 당연하게 받아들이는 정미양의 마음이 무한 넓어 보였다.

또래들보다 조금 작아 보이는 정미 양! 작은 체구와는 관계없이 집안의 살림살이를 도맡아 해야 하고, 집안일 하는 틈틈이 공부도 해야 한다. 어머니 병간호, 아버지 병 수발 등 정미 양은 잠시도 쉴 틈이 없을 것 같다. 절룩거리는 다리는 가끔 통증도 불러온다. 하지만 자신은 몸이 아파도 병원에 갈 생각도 않는단다. 그냥 참고 견딘다고 했다. 가만히 들여다 본 정미 양의 손은 성한 곳이 없었다. 흔히 선머슴 같은 손이었다. 크림이라도 발라주고 싶었지만 준비 없이 버스에 탄 내 자신이 부끄러웠다.

다른 아이들 같으면 이불 속에서 단잠에 빠져있을 새벽 여섯 시 이전에 일어난다고 했다. 더구나 겨울철 새벽 여섯 시는 어른들에게도 한밤중에 가깝다. 그래도 시간이 모자란다고 한다. 가족들의 아침과 점심을 차려 놓고 자신은 아침도 먹지 못하고 집을 나선다. 일곱 시에 지나는 증평터미널 가는 시외버스를 타야 하기 때문이다. 증평 버스터미널까지 가면 학교 통학버스가 기다리고 있다. 그제야 마음이 놓인다고 했다.

긴장된 마음이 풀리는 순간 반가운 친구들과 이야기도 하고 떠들다보면 학교에 도착한다. 정미 양이 길에다 쏟아 붓는 시간은 하루 네 시간 가까이 된다니 여간 피곤한 게 아닐 거다. 등·하교만으로도 힘든 학생시절, 정미 양의 몸 어디에서 그런 철인에 가까운 힘이 나올까. 오직 자신의 의지만으로 그 어려움을 이겨내는 정미 양이 어른스럽게 보였다.

정미 양의 학교생활은 어떨까? 가정에서의 어려움을 안고 살아가는 힘든 아이가 아닌 여느 학생들이랑 별반 다를 게 없는 그저 착실한 아이였으면 좋겠다. 장애를 갖고 있으면 이기적일 수도 있지만 몸이 불편한 친구들을 챙기는 심성이 착한 소녀'라는 선생님의 말을 들은 터라 그래도 다행한 일이라 생각되었다.

"장래 무엇을 하고 싶어요?"

"간호사가 되고 싶어요."

"간호사! 왜?"

"우리 부모님처럼 아픈 사람들을 치료해 주면 좋겠어요."

"그래요. 열심히 공부하면 간호사 될 수 있어요."

"저는 엄마랑 같이 있는 게 제일 행복해요. 엄마랑 함께 밥도 하고, 설거지도 하고, 엄마가 어서 좋아져서 시장에도 같이 다녔으면 좋겠어요."

정미 양과 이야기를 하다 보니 어느새 증평버스터미널에 도착했다. 다섯 시가 훨씬 지나 있었고 땅거미가 거뭇하게 묻어 들어오고 있었다. 내릴 때가 되자 정미 양의 모습이 다시 분주해진다. 시장에 들러서 야채랑 반찬거리를 사가지고 가야 된단다. 지갑을 열어 돈을 들여다보며 속으로 셈을 하고 있는 모습은 익숙한 주부의 모습으로도 보였다.

승용차를 타고 왔다면 하는 생각이 불현듯 들었지만 소용없는 일이었다. 불편한 몸을 이끌고 시장을 보고 그것을 들고 또 버스를 타고 집에까지 가자면 시간은 얼마나 걸릴까. 날씨는 춥고 해는 이미 자취를 감추었으니 걱정스러웠다. 하지만 도와줄 수 있는 방법도 없다. 매서운 찬바람이 코끝을 스치며 달려들었지만 정미 양은 크게 신경쓰지 않는 눈치였다.

내가 본 정미 양은 효녀였다. 자신의 몸은 생각지도 않고 아픈 엄마와 노환으로 고생하는 아버지만을 걱정하는 이 세상에 둘도 없는 효녀가 틀림없었다. 학교에서는 그런 정미 양의 효심을 극진히 여겨 도교육청에 상신하여 효행상을 수상하게 해주었다.

정미 양! 당장은 힘들고 외롭지만 묵묵히 헤쳐 나가요. 그리고 간호사가 되어 어려운 사람들도 꼭 도와주어요.

멀어져가는 정미 양을 바라보는 아린 내 마음을 12월의 칼바람이 또 한 번 할퀴고 달아난다.

홀로서기

정문에서 출입 차량 교통지도를 하다보면 전동휠체어를 탄 여인을 종종 만날 수 있다. 지나가는 여인이 아니고 우리 학교 학부형이다.

어느 때는 차를 운전하고 오기도 하지만 대부분 전동휠체어를 타고 온다. 그 옆에는 중학생으로 보이는 잘생긴 아들이 따라오고, 그러나 교문 안으로 들어가는 것은 한 번도 보지 못했다. 언제나 교문 저만치에서 아들에게 들어가라고 하면서 지켜보는 여인의 모습은 초조하기 보다는 자랑스러운 아들, 대견한 아들을 배웅하는 그런 당당한 모습이었다.

처음에는 차를 운전하고 왔었다. 승용차가 아닌 봉고차였다. 그 여인은 무슨 필요에 의해 봉고차를 구입했지 싶었다. 그렇지 않고서야 봉고차를 운행할 필요가 없을 것 같았다. 나이는 마흔을 갓 넘기지 않았을까 하는 수수한 차림의 여인, 그 여인이 차를 운전하고 올 적에는 장애가 있는지 몰랐다. 교문 앞에서 아들을 내려주고 돌아가기에 하는 일이 바빠서 그러려니 했었는데 어느 날 전동휠체어를 타고 온 모습을 보고서는 깜짝 놀랐다. 자신의 부족한 점을 보여주고 싶지 않은 본능, 그 마음을 어떻게 읽어야 할까. 나는 십분 이해가 가고도 남는다.

나도 남에게 보여주고 싶지 않은 신체 일부가 있다. 그래서 늘 모자를 쓰고 다닌다. 젊어서는 몰랐는데 30대 후반부터 머리숱이 빠지기 시작하더니 걷잡을 수 없이 대머리가 되어 갔다. 얼굴은 젊은데 머리 모양만 가지고 본다면 영락없는 노인이었다.

탈모 예방이나 대머리에 좋다는 약을 무작정 구매해서 사용해 보았지만 별 효과를 보지 못했다. 고민도 많이 되었고 남 앞에 나서는 것도 꺼리게 되었다. 그렇게 자꾸 움츠리다보니 자신감마저도 떨어졌다. 그래서 가발을 쓰고 다닐까도 생각했었지만 여러 가지로 불편할 것 같아 모자를 쓰고 다닌다.

세상을 살아가다 보면 모자를 벗어야 할 경우가 더러 있었다. 남의 집 애·경사나 행사장, 또는 정장을 입어야 할 경우가 그것이었다.

이제 산전수전 다 겪고 보니 외모에 대해 초월할 때도 되었지만 아직도 외출할 때는 모자를 쓸까말까 망설이는 경우가 많다. 그래서 생각해 낸 것이 연세 드신 분들이 많이 쓰는 개똥모자였다. 개똥모자를 가끔 쓰기는 하는데 나이가 무척 많이 들어 보여 가급적 쓰지 않으려 하는 편이다.

나 같은 경우 장애 축에도 들지 않는 대머리를 가지고 그처럼 노심초

사한 일이 있었는데 본인의 육체가 건강치 못함을 보여주기 싫어하는 그 여인의 마음은 지극히 당연하다는 생각이 들었다.

어느 날은 아직 정시 하교 시간이 아님에도 그 여인의 아들이 가방을 메고 교문을 나서고 있었다.

"벌써 끝났어?"

"네."

아이는 언제나처럼 불편한 한쪽 다리를 약간 절름거리며 빠르게 교문을 벗어나려고 했다.

"천천히 가렴. 오늘은 엄마가 오지 않는다고 했어?"

"네."

아이는 여전히 무엇이 그리 급한지 뛰어가려고만 한다. 그런데 손에는 점심에 먹다가 남긴 것으로 생각되는 바나나 반 토막이 들려 있었다. 그 순간 멀리 무엇을 보았는지 아이가 손을 흔들었다. 나도 자연 그리로 눈길이 따라갔다. 그곳에는 아이의 엄마가 휠체어에 앉아서 손을 흔들고 있었다. 엄마를 발견한 아이는 좋아 어쩔 줄 몰라 하며 달려간다.

아이의 손에 들려 있던 바나나는 엄마에게 건네졌을 것이고, 엄마는 아이의 기특한 마음을 알고 얼마나 고마워했을까? 몸이 자연스러운 엄마였다면 꼭 끌어안아 주었을지도 모른다. 여인이 아이의 가방을 받아서 자신의 무릎 위에 놓는 모습이 보인다. 아이가 운전대를 잡고 있는 엄마 손 위에 자신의 손을 얹는다. 아! 저 행복, 저 순간이 깨어지지 않았으면.

언젠가는 아이의 엄마가 모습을 보이지 않아 무척 궁금해한 일이 있었다. 혹 무슨 좋지 않은 일이라도 생겨서 병원에 입원이라도 하지 않았나 하는 생각까지 들었다. 며칠 후 예의 그 전동휠체어에 앉은 여인의 모습이 보였다. 무척 반가웠다.

"한동안 안 나오셨는데 어디 몸이라도 안 좋으셨나요?"

"아니에요. 아이에게 혼자 다니는 연습 시키느라 그랬어요."

아! 그랬구나. 장애가 있는 자녀를 두었다고 탄식만 할 게 아니고 때로는 아이들이 스스로 살아갈 수 있도록 모질고 냉정한 엄마의 역할이 필요함을 다른 부모들도 공감하겠지.

"고기를 잡아주지 말고 잡는 법을 가르쳐줘라."

유대인의 탈무드에 있는 말이 떠오른다. 고기를 잡아주는 것은 한 끼의 식사를 해결해줄 뿐이지만, 고기 잡는 법을 가르쳐주는 것은 평생 혼자서 살아갈 수 있는 방법을 가르쳐주는 것이기에.

깨우지 마세요

2019년 8월 10일 초판 인쇄
2019년 8월 15일 초판 발행

지은이 / 박순철
발행인 / 강병욱

발행처 / 도서출판 교음사
편 집 / 隨筆文學社 出版部

03147 ·서울 종로구 삼일대로 457 수운회관 1308호
Tel (02) 737-7081, 739-7879(Fax)
e-mail : gyoeum@daum.net

등록 / 제2007-000052호

* 잘못된 책은 교환해 드립니다. 값 12,000원

ISBN 978-89-7814-754-5 03810

이 도서의 국립중앙도서관 출판예정도서목록(CIP)은 서지정보유통지원시스템 홈페이지
(http://seoji.nl.go.kr)와 국가자료종합목록 구축시스템(http://kolis-net.nl.go.kr)에서 이용하실 수 있습니다.
(CIP제어번호 : CIP2019030576)

- 이 책은 충청북도 문화예술진흥기금의 일부를 지원받아 제작되었습니다.